Amores ideales,
rupturas reales

Amores ideales, rupturas reales

Raúl López

Rocaeditorial

Primera edición: junio de 2024

© 2024, Raúl López
© 2024, Roca Editorial de Libros, S. L. U.
Travessera de Gràcia, 47-49. 08021 Barcelona

Printed in Spain – Impreso en España

ISBN: 978-84-19965-08-0
Depósito legal: B-7846-2024

Compuesto en Grafime, S. L.

Impreso en Liberdúplex
Sant Llorenç d'Hortons (Barcelona)

RE 65080

A todos los pacientes que son mi familia,
que me han acompañado
y que me han enseñado tanto

Índice

PARTE II
Bloquea

PARTE III
Construye

Introducción

Tras más de veinticinco años dedicado a ayudar a otras personas (a cientos de pacientes en consulta y a más de 40.000 suscriptores de mi canal de YouTube) a afrontar rupturas y crisis de pareja, he comprobado que el final de una relación puede ser tan fascinante como doloroso. La profundidad del desgarro emocional en las rupturas es tan grande en el presente que no puede evitar evidenciar problemas en el pasado. Y muy probablemente en el futuro.

¿Por qué, como psicólogo clínico, me interesa tanto el desamor? No es por morbosa curiosidad, tampoco es porque realmente me divierta con cada minuto de cada sesión. Pero no puedo dejar de sentirme enormemente atraído tanto por explicar el caos de las relaciones como por tratar de devolverles el equilibrio. Descubrir los motivos que hacen sufrir a las personas y que desequilibran las relaciones de pareja es lo que me ha fascinado desde que tengo uso de razón. Desde pequeño esbozaba mis ideas sobre estos asuntos hasta que descubrí la psicología con catorce años y decidí que me dedicaría a ello.

He comprobado que los seres humanos venimos equipados (y hasta programados) para establecernos en pareja, pero no estamos provistos de las herramientas necesarias para construir lazos sólidos. Se tarda más de cinco años en formarse como psicólogo especialista en relaciones de pareja, pero solo unos días en aprender lo necesario para construir vínculos sanos o liberarse del sufrimiento por una ruptura. Es tan poca la información que necesito darte sobre las relaciones que no creo que pueda volver a escribir un libro en el futuro. Mi intención es que tampoco necesites leer nada más sobre desamor. La síntesis siempre ha sido para mí una necesidad.

Este libro pretende ayudarte a mejorar tu relación actual, sí. Pero también será tu aliado para abandonar (de la mejor manera posible) un vínculo que esté resultando tóxico. Entendemos por tóxica una relación que te resta más de lo que te suma en un balance personal.

Y, si ya has sufrido una ruptura, este libro te ayudará a liberarte de la obsesión por tu ex y cortar definitivamente esos lazos emocionales que no se basan exclusivamente en el enamoramiento, sino en la dependencia emocional, la falta de autoestima, la culpa, la frustración o una mezcla de todas ellas.

Con estas páginas, además pretendo conseguir contigo lo que he logrado con miles de pacientes y suscriptores: contagiarte mi fascinación por los asuntos del corazón, una pasión en la que me acompaña mi maravilloso equipo, compuesto por cinco grandes psicólogos que batallan conmigo diariamente contra la inseguridad, los celos, la dependencia, la frustración, la culpa, la duda, la decepción y muchos otros enemigos de la psicología.

Junto a ellos, he desarrollado el Método ABC para salir fortalecido de una ruptura. Y cuando lo conozcas, vas a querer formar parte de nuestro equipo, el equipo de las personas que quieren descifrar sus relaciones y hackearlas para asegurarse el éxito con su pareja actual o con la próxima.

El Método ABC consta de tres partes que suelo trabajar en terapia con mis pacientes. He comprobado, caso tras caso, su infalibilidad.

ANALIZA. Primero has de someter a análisis tu relación actual y tu estado emocional para saber exactamente (y sin posibilidad de autoengaño) en qué punto exacto te encuentras aquí y ahora.

BLOQUEA. Si tras realizar ese análisis con las herramientas que explico en este libro, decides seguir con tu pareja, te enseño a blindarla para evitar que se deteriore. Si, por el contrario, tras el análisis te has dado cuenta de que debes acabar con esta relación, es el momento de bloquear tanto los lazos que te unen con esa persona como con los patrones de autosabotaje que te han llevado a esa relación tóxica. También te ofrezco las herramientas necesarias para hacerlo.

CONSTRUYE. Es la parte más importante. Cómo apuntalar los cimientos para una relación sana con nuestra pareja y con nosotros mismos.

PARTE I
Analiza

1

Nada es para siempre

Mi padre fue directivo en una gran empresa durante toda su vida laboral. Y siempre ha estado casado con la misma mujer. Ahora mira estupefacto la fragilidad de los puestos de trabajo y de las relaciones. A diferencia de él, yo, como psicólogo clínico, no me puedo permitir tener una opinión al respecto. Los psicólogos solo describimos la realidad y ayudamos a otras personas a adaptarse mejor a los cambios. Esta adaptación pasa por saber que nada es para siempre. Las cifras son las cifras:

En España, casi tres de cada cuatro parejas se divorcian. Somos uno de los diez países que más se divorcian.

Los matrimonios disueltos por divorcio tuvieron una duración media de 16,6 años, mientras que la de los matrimonios separados fue de 22,8 años. El tiempo medio transcurrido entre el matrimonio y la declaración de nulidad fue de 6,6 años.

Si se analizan los divorcios, que suponen el 95,8 por ciento de todas las rupturas legales, el 33,3 por ciento se produjo tras veinte años de matrimonio o más, y el 19,7 por ciento después de convivir entre cinco y nueve años.

En el caso de las separaciones, el 53,4 por ciento de las parejas tuvo una duración de veinte años o más, y el 15 por ciento entre diez y catorce años.

Se podría decir que **es más fácil que te toque la lotería a que sigas con tu pareja después de veinte años de relación**, especialmente si eres un hombre de cuarenta y nueve años o una mujer de cuarenta y seis.

Si esto te parece mucho, te diré que acabas de leer las cifras de años anteriores. Desde 2020 la tendencia no ha hecho más que dispararse, hasta el punto de que hemos llegado a una situación de déficit nupcial: **hay más divorcios que matrimonios.**

Pero la cifra que más asusta es la que no aparece en el Instituto Nacional de Estadística. No existen datos sobre las rupturas de parejas no inscritas en los registros civiles (las que no se han casado o no han formalizado legalmente su relación no tienen reflejo en las estadísticas), pero sabemos que serían abrumadores.

Los psicólogos vemos un número creciente de personas que acuden a terapia por problemas de pareja y rupturas. Rafael Santandreu, un excelente psicólogo y comunicador, nos dice que es sano cambiar de pareja cada tres o cinco años, una tendencia que cada vez es más habitual.

Debido a estos aplastantes datos no podemos apartar nuestra mirada de la ruptura cuando hablamos de relaciones de pareja.

No te cuento esto para que te pongas a anticipar la separación y te inunde el miedo, sino para que mires la ruptura como una posibilidad más que real dentro de tu relación de pareja. No quiere decir que todas las relaciones tengan fecha de caducidad, pero hay que entender que no existen garantías absolutas

Este libro va a ayudarte a mejorar tu situación en cualquier escenario sentimental en que te encuentres: tanto si quieres seguir con tu pareja de una manera más saludable como si descubres que te encuentras en una relación tóxica (que deberías abandonar), y, por supuesto, también te servirá para aliviar el malestar emocional si ya estás atravesando una ruptura.

Sea cual sea tu situación, debes recordar nuestra máxima: **una relación no es una obligación, y tampoco lo es ningún comportamiento que se dé dentro de la relación.**

2

Las herramientas que necesitarás

Son varias las estrategias desarrolladas en mis años de experiencia como terapeuta que he comprobado que funcionan y ayudan a mis pacientes sea cual sea el estado de la relación en la que se encuentren con otras personas. Tenlas siempre presentes y te ayudarán a tener una perspectiva más clara (y, sobre todo, saludable) de las relaciones.

A. Lupa del desamor

Cuando acabas de sufrir una ruptura (la hayas motivado tú o no) y mientras estáis juntos, tienes una idea inexacta de quién es o era tu pareja. No conoces de verdad a esa persona. No te preocupes, porque la vas a conocer para bien o para mal.

En consulta, me expresan que sienten confusión porque, tras la ruptura, los pacientes no reconocen a su pareja, es como si se tratara de dos personas diferentes.

Por un lado, recuerdan a su expareja como un ángel que casi roza el cielo. Esto es natural cuando el enamoramiento estaba activo, porque las personas cuando estamos enamoradas invertimos una gran cantidad de tiempo y esfuerzo en el otro procurando alcanzar la excelencia relacional aunque seamos el mismísimo demonio. La bioquímica también tiene mucho que ver con esta confusión.

Por otro lado, la ruptura ha revelado a su *expartenaire* como un ser maligno asiendo un tridente. Es lo lógico cuando el conflicto está activo. En ese momento, evocan las actuaciones de una persona irresponsable que quiere hacer daño y recortar su psicología. Son los momentos en los que el enamoramiento ha dado paso al rencor y la frustración.

Si te ha pasado o te está pasando, e incluso si todavía no has llegado a una ruptura, te recomiendo que uses la lupa del desamor. Esta poderosa herramienta te mostrará con claridad a tu pareja o tu expareja corrigiendo estos problemas de estrabismo relacional.

Ahora coge con fuerza la lupa del desamor y acércala a esa persona a la que deseas desnudar. Descubrirás a través del cristal de aumento que **uno no es su enamoramiento, sino su comportamiento en el conflicto**. Acerca la lupa a ese momento en el que se produjo ese incómodo conflicto de intereses.

Quiero decir que una persona es la manera en la que resuelve un conflicto. Por eso, siempre que tengas dudas por las discrepancias entre lo que tu pareja te dice, o escribe en sus wasaps, y sus conductas, debes tener en cuenta únicamente estas últimas. Es el único camino para conseguir una imagen nítida y no distorsionada de su perfil.

Con la lupa del desamor te animo a observar con otros ojos a esa persona con la que estás empezando y parece tan maravillosa. O a la pareja con la que ya llevas un tiempo. O a ese o esa ex a quien no pareces ser capaz de olvidar. La lupa del desamor funciona respondiendo a las siguientes preguntas:

→ ¿Cómo aborda los conflictos esta persona?
→ ¿Cómo habla de sus exparejas?
→ ¿Tiende más al rencor o a la compasión cuando alguien comete errores?
→ ¿Cómo trata a personas con las que no tiene la necesidad o la obligación de ser amable, como camareros, empleados...?
→ ¿Tiene a menudo enfrentamientos con amigos y familiares por asuntos económicos, personales y hasta triviales?
→ ¿Asegura que le tienen manía?
→ ¿Es de esas personas que aseguran cosas como «No he venido a hacer amigos», «Yo siempre voy con la verdad por delante caiga quien caiga» o «Se van a enterar»?

B. Traductor palabras/hechos

Otra poderosa herramienta que te permitirá alcanzar la mayor objetividad posible por si aún albergas dudas sobre quién es la persona con la estás actualmente o de la que te estás separando: el traductor. Para mí, es un imprescindible que uso en mi relación actual y con todas mis exparejas, además de con cada amigo y paciente.

Seguro que tú ya has escuchado la afirmación de que **no eres lo que dices, eres lo que haces.**

Seguro que ya has desnudado a tu actual pareja o a tu ex, pero no de la forma en la que ahora mismo nos interesa. Seguro que el conflicto en tu relación o la inevitable ruptura han descolocado tu cabeza y te encuentras en una neblina psicológica algo desorientado. Necesitas asidero para no acabar de perder la cabeza. En ese momento tu apoyo será sin duda el traductor.

Nada de teoría. Vamos al ejemplo. Tu pareja o expareja te dice o te decía que siempre va a estar ahí. Pero luego no hace el esfuerzo de estar cuando lo necesitas. Activa tu traductor y el resultado es que no siempre va a estar ahí. Ya lo tienes, esa es la verdad al desnudo de polvo y paja.

Si tu pareja o expareja te decía que eres lo más importante para él o para ella, pero luego no te da prioridad frente a otras personas, significa que no eres lo más importante para él o para ella.

Si se describe o describía como una persona responsable, pero luego toma o tomaba malas decisiones, significa que no es una persona responsable. Lo cierto es que el autoinforme que hacemos las personas sobre nosotras mismas no es fiable y se suele alejar mucho de la realidad.

Sé que estás pensando que así vas a convertirte en una persona paranoica y desconfiada. Tranquilidad, lo único que quiero es que desconfíes de lo que las personas dicen o escriben en sus wasaps y que abraces la verdadera religión que será para ti la veneración de la conducta como tu único y verdadero dios: tu guía, que no te va a permitir volver a sufrir por una persona manipuladora, egoísta o irresponsable.

La próxima vez que alguien te diga que te echa mucho de menos y te quiere con locura, pero después de activar tu traductor compruebas que no hace el esfuerzo de verte, significa que no te echa de menos realmente y que no te quiere.

De esta forma vas a poder concluir de forma objetiva si tu pareja era responsable, detallista, generosa, buena, respetuosa, fiel o sincera. Puede que no estés avanzando porque todavía tienes dudas sobre quién era tu pareja y por eso crees que todavía tienes una conversación pendiente. Esto es peligroso porque paralizarías tu vida emocional a la espera de esa conversación que puede no llegar nunca. Además, tú no vas a obtener nuevos datos en esa conversación. Y tampoco es necesario porque tú ya tienes suficientes datos de su pasado junto a ti para finalizar tu investigación, concluir quién era tu pareja y seguir avanzando. Una conversación que solo contiene palabras no te va a aportar más información valiosa, e incluso te puede confundir más aún. En su lugar, usa el traductor.

Te propongo un ejercicio para que puedas desarrollar tus habilidades con el traductor: escribe qué cosas te decía o escribía y, al lado entre paréntesis, cuáles eran sus comportamientos. Por ejemplo:

→ Me dice que su corazón es mío. Pero no le apetece quedar.

→ Que siempre va a estar ahí para mí. Pero lleva desaparecido dos días.

→ Que soy lo único en lo que piensa. Pero ha tenido sexo o citas con otras personas.

A continuación, escribe las tuyas de la misma forma.

Cosas que te decía o escribía:

_____
_____
_____
_____

¿Cuáles eran sus comportamientos realmente?

_____
_____
_____

Conclusiones que has sacado con el traductor:

_____
_____
_____
_____

C. La bola de cristal

Sea cual sea tu caso, te encuentres en una relación de pareja o hayas sufrido una ruptura, seguramente estás delante de tu bola de cristal intentando adivinar cuál va a ser tu futuro. Y es posible que le estés dando una veracidad absoluta a esa adivinación.

El ser humano necesita predecir el futuro. Lo hacemos todos en cada uno de nuestros ámbitos porque nos parece que de esta forma tenemos las cosas bajo control. Pero una adivinación no aumenta la probabilidad de que algo ocurra, solo te aparta de tu presente.

Las cosas solo suceden en el tiempo actual. Cualquier otro tiempo pasado o futuro solo consigue desconectarnos de lo que está pasando en el aquí y ahora.

Y créeme que esto es especialmente habitual cuando se trata de la adivinación de resultados negativos, ya sea en la recuperación de tu duelo o en el futuro de tu relación.

Anticipamos que nuestras parejas pueden ser infieles, abrazamos la idea durante tanto tiempo que la acabamos convirtiendo en una realidad. Llegamos a sentirlo como algo real, pero este es un recurso muy humano que nos da una falsa sensación de control. A veces preferimos incluso pillar a nuestra pareja siendo infiel y con ello confirmar de una vez por todas que estamos en lo cierto y que teníamos razón. Lo que sea antes de aceptar que no controlamos la realidad y que no podemos adivinar el desenlace de nuestras relaciones, situaciones y psicologías.

Las personas que más utilizan su bola de cristal son aquellas que tienen una tendencia al hipercontrol más marcada, como las obsesivas, celosas e hipocondríacas. El hipercontrol y la anticipación se aprenden cuando somos niños, por moldeado y observación de tutores miedosos e hipercontroladores. Haríamos bien en no recoger el testigo tóxico de aquellos que nos han esculpido y guardar la bola de cristal, que solo nos lleva a la desconexión con lo que está ocurriendo en este preciso momento.

Yo no soy amigo de las adivinaciones, pero si en algún momento me voy al futuro utilizo un mantra que me devuelve al tiempo presente: «No sé cuál será mi futuro, pero sí sé que en este mismo instante no está pasando nada, estoy a salvo, yo y mi relación estamos bien; no sé cuál será mi futuro, pero no quiero perderme nada de lo que está pasando ahora mismo. Si alguna vez pierdo esto que tengo, al menos sabré que he estado disfrutando con plenitud».

Para utilizar este mantra es necesario que entiendas que las cosas no tienen por qué durar. Tu trabajo, tu pareja, tu pandilla, tu condición física, tu dinero, tu familia o amigos no están garantizados de por vida, y eso no hace tu vida peor. Algunas cosas acabarán y otras empezarán de nuevo para ti.

D. Los informes ajenos

A no ser que solo hayas estado con una persona en toda tu vida, seguro que tú o tu pareja tenéis un pasado sexual más o menos amplio. Es normal que en los periodos en los que no te encontrabas en pareja hayas tenido una vida sexual activa, tanto como la de cualquiera.

Si además tienes un gran sentido del humor o una personalidad expansiva, podría entenderse por parte de las personas que te observan en tu soltería que tu vida se reduce únicamente a ligar o tener sexo.

A menudo me he encontrado personas muy activas sexualmente en su soltería, pero que cuando están en pareja saben poner el foco en sus parejas y respetan la exclusividad sexual.

—¿Estás con Miguel? Sabes que es un golfo, ¿no?

Puede haber llegado a tus oídos que tu pareja es una persona promiscua, incapaz de poner límites, pero en realidad disfrutar de una vida sexual activa es muy recomendable para la salud y el bienestar personales cuando no supone una infidelidad. El sexo también es una buena forma de conectar con otras personas y crear vínculos. Aceptar el pasado sexual de la pareja es más difícil si cabe para el hombre, que tiene un ego más frágil y enseguida se puede sentir amenazado o intimidado por la mayor experiencia de la pareja.

Cuando se te acerca alguien a hablar sobre el pasado de tu pareja, debes tener en cuenta que probablemente no te conocía a ti y no tenía una relación con compromiso. Por eso este momento es una buena oportunidad para conocer quién es tu pareja.

Todas las personas atravesamos estados o etapas, y por eso debemos ser examinadas dentro de las etapas en las que nos encontramos en función del compromiso que hayamos adquirido con los demás.

Las personas suelen hacer valoraciones demasiado generales y poner etiquetas porque se quedan demasiado pegadas al detalle morboso sin tener en cuenta los totales.

E. Tu lista

No son pocas las veces que mi paciente me trae una lista de adjetivos con los que intenta vestir a la pareja o a la expareja, en un intento por poner los pies en la tierra y alcanzar la mayor de las objetividades para poder desbloquearse y tomar decisiones.

Todo este bloque ha consistido en poner el foco en la persona con la que estás o has estado para dirimir si es o no adecuada, o si es tóxica.

Las listas no están mal, pero has de tener en cuenta estas tres condiciones:

→ Si tu lista incluye solo los adjetivos relativos a su **falta de disponibilidad,** tampoco tendrías una lista suficientemente objetiva. ¿Cuántas horas o días has pasado triste o enfadado pensando en que no entiendes por qué motivo no te dan las cosas que quieres si son tan normales o convencionales? Que tu pareja no te dé todas las cosas que quieres solo porque las quieras no lo convierte en alguien egoísta; en todo caso, poco motivado, y a ti, en alguien altamente exigente. La indisponibilidad en pareja no informa necesariamente de egoísmo o de narcisismo y sí puede hacerlo la falta de motivación o el miedo al compromiso. Recuerda que, para evaluar a alguien en una actividad, relación o trabajo, las variables miedo y motivación deben estar controladas. La verdadera naturaleza de alguien se expresa cuando lleva a cabo actividades que le gustan y para las que está motivado.

→ Si tu lista incluye solo los **adjetivos negativos** que has encontrado en tu pareja, tendrías una lista sesgada del tipo de persona que es. Considera añadir algunas características positivas o virtudes que te ofrezcan un retrato más completo. Tu cerebro es como un científico que suele poner en duda cualquier cosa que sientes y piensas cuando se va al extremo. Si no es así, tu psicología sabrá que tu visión no es real y la rechazará. En el fondo de ti sabes que esa lista solo es un intento de invalidar a alguien, porque no resulta suficientemente científica. Todas las personas tienen algo positivo. El héroe de una película que funciona en taquilla es aquel que también presenta fisuras o imperfecciones, como el ser obsesivo o dependiente de la vicodina, como en la serie de *House* protagonizada por Huge Laurie, porque eso nos ayuda a ponernos en su lugar e identificarnos con él. Pero también tenemos que poder identificarnos con el villano de una historia por sus virtudes, como el sentido del humor o la inteligencia que solemos encontrar en la personalidad de cualquier villano en las películas de Spiderman.

→ Si tu lista solo contiene **características relativas a la manera en que se rompió tu relación,** podrías estar obviando muchas otras cosas que sí te daba tu pareja, enlazadas a sus virtudes, y por lo tanto las estaríamos omitiendo. Esto suele pasar especialmente en rupturas traumáticas con infidelidades, en rupturas donde se ha producido *ghosting*. Cuando estás en pleno trauma, tu foco de atención se centra exclusivamente en aquel contenido que te causa dolor psicológico. Pero la visión del sufriente no suele ser objetiva. Esto explica que muchas parejas consiguen tener una muy buena relación después de superar el duelo traumático por sus rupturas, pero solo después de abrir su foco y tener una visión más amplia de su relación al completo. Nuestras frustraciones por las conductas de la otra parte nos impiden tener la empatía necesaria para comprender sus motivaciones, sus temores y aspiraciones. La empatía y la comprensión son fundamentales para conocer la realidad imperfecta de nuestra pareja.

Bueno, quizá debamos esperar un poco antes de hacer nuestra propia lista. De momento, vamos a centrarnos en ti y en todo lo que necesitas para conseguir el equilibrio, y con ello tendrás mucha más preparación para enfocar y analizar de forma objetiva.

3
¿Se puede salvar esta relación?

No hay respuestas fáciles a esta pregunta, pero las herramientas mencionadas al menos te permitirán ver con claridad a tu pareja y a ti mismo. Dicho esto, existen muchos aspectos en las relaciones que pueden no estar ordenados y que provocan dificultades en el buen curso de esta. Conocer estos aspectos te da una ventaja clara si tu objetivo es disfrutar de tu relación y que esta se mantenga en el tiempo. También será para ti una ventaja si eres capaz de salir de esa relación que no tiene visos de cambio.

Que decidas apostar por quedarte en tu relación o salir de ella determinará un balance personal de ventajas e inconvenientes. En este balance, a folio partido, no solo tendremos en cuenta una simple lista, sino que debes atribuir esos pesos específicos a cada ítem: tanto para las ventajas como para los inconvenientes. Solo uno sabe cuánto pesa que su pareja no esté disponible, su dificultad para comunicar o resolver conflictos, su falta de confianza, de seguridad o de afecto físico o emocional. Nadie lo podrá determinar por ti, y además nadie convivirá después con el resultado de tus decisiones.

En ocasiones, tratas de dirimir este conflicto personal sobre si permanecer o no en tu relación contándoselo a los demás. Y es cierto que puedes llegar a obtener cierto desahogo, pero si sigues el consejo de tu confesor, estarás tomando la decisión equivocada, o al menos la que no tiene que ver con tu personalidad, con tus objetivos, con tus miedos y con tus deseos o repudios.

Así que estás solo en esto. Únicamente puedes contar contigo para tomar la decisión sobre si apostar o no por tu relación. Y, como dicen los policías, con tu mejor amigo: el bolígrafo. Este antiguo y valioso instrumento te va a facilitar sacar toda la información de tu cabeza de forma ordenada. Así podrás coger la suficiente perspectiva para tomar las decisiones más complejas. Yo lo hago a menudo.

Pero ¿qué ocurre si ya lo has hecho y aun así no tienes una idea clara de qué hacer? O ¿qué hacemos si ya has tomado la decisión, pero no consigues llevarla a cabo? En este caso, tu psicología te está bloqueando. Significa que sufres un bloqueo. Seguro que ya lo sabías porque te encontrabas mal. Estás sufriendo porque tienes problemas de configuración psicológica que hacen que se produzcan bloqueos a la hora de tomar decisiones en tus relaciones y probablemente en otras parcelas, como el trabajo o la salud entre muchos otros.

Los bloqueos más frecuentes tienen que ver con la falta de aceptación de la situación actual, con la baja autoestima, con la baja tolerancia a la frustración y con el pensamiento extremo.

A continuación, desarrollaremos estos puntos de bloqueo en detalle. Pero antes debes estar centrado. Así que te voy a pedir lo siguiente: pospón tu decisión sobre la relación.

4

Pospón la decisión

No digo que te resignes a quedarte en esa relación de pareja que detestas y que no te compensa. Solo digo que lo pospongas durante un tiempo. Es necesario para configurar tu cabeza y encontrarte bien. El suficiente para desbloquearte.

Si te sigues exigiendo decidir ya y ser coherente con esa decisión, solo vas a provocarte un mayor bloqueo psicológico y sufrimiento. Así que vamos a liberar tu mente de esa pesada autoexigencia. Mientras lees y disfrutas de este libro no tienes que operar sobre tu relación. No tienes que decidir sobre ella. El objetivo durante este tiempo es solo que tomes conciencia. Si te alineas con este interesante objetivo, probablemente ahora estés experimentando cierto alivio. Vamos por buen camino.

No existe mayor proacción que estar leyendo estas líneas y haber decidido resolver este rompecabezas relacional. Pero vamos por orden.

Prepárate porque vamos a emprender un viaje. De hecho, esta no es la primera estación. Cogiste este tren cuando decidiste empezar a leer este libro. Nota cómo se está abriendo tu cabeza a nuevas reflexiones que te van a dar como resultado una mejor versión de tu psicología. Sé que la motivación que te llevó a emprender este viaje es dejar de sufrir en tu relación o tras la ruptura, pero te pido que no corras y que disfrutes de este viaje. Ahora mismo no está pasando nada. Respira y disfruta de estas líneas. Te aseguro que, en la psicología de las relaciones, todos los problemas tienen una solución.

Posponer la relación no implica inacción. Vas a entrar en una nueva fase. La primera del Método ABC (Analiza, Bloquea, Construye) en la que vas a analizar en profundidad a tu pareja. Empecemos.

5

Examina tu pasado

Sabemos que para conducir debes mirar siempre hacia delante y no quitar las manos del volante. Pero creo que este es el momento de recordar cómo ha sido nuestro viaje. Por eso, una mirada por el retrovisor puede darnos algo de perspectiva.

Procuremos que sea una mirada amable y sincera que desande el trayecto en busca de nuestros aciertos y, por qué no, de nuestros errores. Y recordar con actitud generosa nuestras experiencias cuando decidimos dar la mano a alguien para avanzar juntos. Porque, al final, la vida es eso que ocurre cuando caminamos de la mano de otra persona.

No es el momento de reprochar nada. Este es el momento perfecto para que seas objetivo en tus recuerdos: si te han dado la mano con fuerza o solo tímidamente; si te han dado la mano con lealtad o traicionaron tu confianza; si su mano alojaba la tuya con seguridad o te estaba juzgando; si esa mano era áspera y te hacía daño o te transmitía protección con su tacto.

Pero todavía podemos hacer un esfuerzo memorístico mayor. Ahora debes precisar cuándo empezó realmente tu viaje, cuándo le diste la mano por primera vez a alguien. En ese momento no existían para ti el sexo o las parejas, solo la familia.

Ellos fueron los primeros en darte la mano. Te enseñaron a sentirte seguro y protegido, a confiar en ti y en otras personas, y a ser una persona buena y generosa. Reconozco que no siempre resulta tan bonito como lo he descrito. Quizá a ti te crearon un apego ansioso e inseguro cuando te retiraron la mano o te apretaron demasiado, o quizá le pasó a tu pareja.

Recorrer de nuevo este camino te va a ayudar a entender por qué no has respetado tus banderas rojas o las de tu pareja. Si has permitido que te mientan, te traicionen, te maltraten, te manipulen o menosprecien en pareja es porque te has habituado a ese tipo de trato despreciativo, que para ti es la normalidad.

Quizá es mucho más frecuente de lo que pensamos, que tu familia y por extensión tus parejas te traten mal, pero no por ello es sano ni adecuado para ti. Es posible que, si has tenido la mala suerte de que tu familia haya creado en ti vínculos de apego ansiosos o inseguros, cuando te abrazan de forma sana lo rechaces porque no estás acostumbrado.

Es por eso que tu pareja tóxica te va a elegir a ti de entre un millón. Porque eres una persona manipulable, insegura, dependiente y poco asertiva. Y por ese mismo motivo tú vas a elegir a una que sea narcisista, egocéntrica, castigadora o manipuladora, para sentirte como en casa con ese vínculo defectuoso al que te acostumbraste.

Pero no tiene por qué ser así. Eso que tienes encima de los hombros se puede modificar.

En psicología, todas tus configuraciones psicológicas son susceptibles de ser modificadas para mejorar en tus relaciones. Ahora, a través de tus reflexiones, tú puedes elegir nuevos y más sanos caminos que te harán más feliz. Te recomiendo que durante esta semana traigas a tu cabeza antiguas situaciones familiares y de pareja para que puedas relacionarlas. Qué mensajes te lanzaron tus padres antaño con su comportamiento y qué mensajes has recibido en tus relaciones de pareja. Compara los distintos comportamientos de egoísmo, falta de empatía, irresponsabilidad o desatención en esos dos ámbitos para que puedas avanzar personalmente.

El psicópata doméstico

Si este es tu caso, si te vinculaste tóxicamente a tu tutor, o también llamado «psicópata doméstico», significa que has incorporado un trauma psicológico. Este trauma coexiste con rasgos de tu personalidad social que sí son adecuados.

Generalmente no somos conscientes de estos traumas y, por supuesto, no los etiquetamos como «trastornos», sino como características personales. Al no existir conciencia del problema, tampoco tendremos la motivación para el cambio.

Con los años empezamos a tomar conciencia de que algo debe estar pasando en nuestra psicología para que se repitan los mismos patrones de relación. Volvemos a elegir mal a nuestras parejas, o a comportarnos de forma inadecuada en nuestras relaciones, hasta que estas tocan a su fin y vuelta a empezar. El motor de una relación tóxica es este patrón de relación inadecuado: el trauma psicológico.

Es más común de lo que pensamos desarrollar traumas o nudos psicológicos, puesto que la mayor parte de las relaciones familiares contienen elementos tóxicos. Esto quiere decir que tú, con mayor probabilidad, presentas algún tipo de trauma y ni siquiera lo sabes.

El psicópata doméstico no tiene por qué haber matado a nadie. Solo es ese tipo de persona que cuando permanece largo tiempo a tu lado te quita más de lo que da. Cuando esa relación se prolonga, te notas sin energía y con un lastre que no llevabas al principio. Se trata de un vampiro emocional que se alimenta de tu malestar y tu desgracia para su propio beneficio. Cuando termine contigo no te quedará nada que ofrecer.

Los psicópatas domésticos están entre nosotros, y son mucho más habituales de lo que creemos. Narcisistas, egocéntricos, personas sin bondad, buscan ante todo la satisfacción de sus necesidades y el control de la relación para seguir parasitándote durante largo tiempo. El objetivo de la parasitación es hacer que te sientas débil para desposeerte del control de la relación.

Al principio, los psicópatas domésticos son grandes seductores, consiguen enamorarte en poco tiempo porque detectan tus necesidades y las cubren. Esta construcción positiva no dura mucho antes de que empiece la parasitación. Son muchas las herramientas de un psicópata doméstico para arrebatarte la psicología y desposeerte del control relacional.

El trauma psicológico

Una vez que nos hemos vinculado emocionalmente a alguien, existe la posibilidad de quedar traumados. Esta lesión psicológica no es necesariamente el resultado de la ruptura. Puede ser el resultado de la propia relación.

Después del estreno de la serie sobre Rocío Carrasco en Telecinco en 2021, las llamadas pidiendo ayuda al teléfono 016, de atención a las víctimas de violencia, han aumentado de forma increíble hasta superar las 100.000 en 2022.

Esta serie ayudó a muchas personas a tomar conciencia de su lesión psicológica al sentirse identificadas con el relato y el sufrimiento de Rocío. Esta es la primera vez que asistimos públicamente en una televisión al relato detallado de unos malos tratos.

6

Narcisismo

A continuación vamos a revisar algunas de las *red flags* que a las que te puedes enfrentar si has cogido de la mano a un narcisista.

Estudiaremos las conductas de manipulación y menoscabo que se dan de forma más habitual en las relaciones con un ególatra, como la victimización, la luz de gas, el *ghosting* y el ultimátum, entre muchas otras que es interesante que reconozcas porque deben suponen una bandera roja para ti.

Por si eres de esas personas que sigues andando cuando ves la señal triangular de peligro «Perro peligroso» o abres puertas con el dibujo de alguien electrocutándose, te voy a hablar de las banderas rojas más habituales y que son una señal de alarma relacional.

Si ves dos o más banderas rojas, te animo a que vayas haciendo las maletas porque puedes estar en presencia de un narcisista, un psicópata integrado o simplemente de una persona egoísta o irresponsable.

En cualquier caso estarás mejor en cuanto cruces el umbral.

Crear deuda

Crear deuda en el otro es una forma de manipulación que tiene como objeto hacer sentir culpable a un hijo. Pero esta falsa y desestructurada deuda no es exclusivamente intergeneracional. También se produce dentro de las relaciones de pareja.

Creamos deudas en el otro para tener el control de la relación. Nadie quiere estar en una relación tóxica, pero no puede dejarla porque se sentiría mal. Es frecuente encontrar personas en consulta que se han quedado *atrapadas* dentro de sus tóxicas relaciones familiares o de pareja.

Podemos encontrar estos mismos mecanismos de creación de deuda en frases tóxicas como: «Tienes suerte de estar conmigo. Gracias a mí disfrutas de esta estupenda y lujosa casa. Muchas otras personas querrían estar conmigo, pero yo solo me fijo en ti. Con todo lo que he hecho yo por ti y así me lo pagas».

Este tipo de aseveraciones dan a entender a quien las recibe que está en deuda y que, por lo tanto, tiene que compensar a quien las emite. Con esta indirecta manipulación, consigue que su pareja se sienta culpable y le permita privilegios que no le permitiría a un igual. Con estas frases, le está diciendo a su parasitada pareja que está en desventaja y que no debe ser asertiva, que no debe poner límites y que debe esforzarse más de lo que se esfuerza la pareja tóxica.

Esa supuesta desventaja puede estar basada en la belleza física, en el estatus laboral o en la economía. Déjame decirte que el físico, el puesto de trabajo y el dinero que gana son para sí misma, no para la pareja. Después de meses o años en relación, el físico deja de importarte, quieres a tu pareja por sus atributos psicológicos, como la bondad o la generosidad, que son los verdaderos signos de valía personal. Su puesto de trabajo o su dinero nunca son motivo suficiente para crear deuda en la otra parte.

Pues bien, a pesar de esto, muchas personas tóxicas tienen la capacidad de convencer a sus parejas de que el esfuerzo invertido en sí mismas debe ser compensado. Lo encontramos en frases como: «Ya que me paso el día en el trabajo ganando más dinero para mí mismo o en el gimnasio consiguiendo una mayor musculatura para mí mismo debo ser tratado con ventaja. Se me debe tratar mejor por ser quien soy».

Ninguna persona merece un trato especial por sus posesiones o por ser quien es. Si las personas narcisistas que te rodean están intentando lavarte el cerebro y te están programando para compensar lo maravillosas que son, asegúrate primero de que pongan su piso a tu nombre y de que utilicen su belleza y sus músculos para llevarte la compra a casa a diario.

Ahora que ya lo sabes, puedes tener esta conversación con tu *partenaire* tóxico:

Tú (no tóxico): «Cariño, que te pases el día trabajando, que tengas más músculos o más dinero, eso es para ti. A mí eso no me da nada de nada».

Bien distinto es que tu pareja invierta en ti, te cuide y

te proteja, te escuche y comparta contigo. **Lo que hace más valiosa a tu pareja no es su SER o su TENER: es su CONDUCTA social** de bondad o generosidad.

En este momento tengo interés en que tomes conciencia de si esto ha pasado en tus relaciones primigenias familiares, porque es posible que hayas normalizado estar en deuda como algo natural. Si es así, repara en la conexión tan clara que tiene con tus nuevas relaciones. Ser consciente de tus inercias en lo que a deudas se refiere es, sin duda, el primer paso para anular tu suscripción a la falsa deuda que te han obligado a adquirir.

Muchas personas te han tratado bien y han hecho cosas por ti. Te han alimentado, te han hecho regalos, te han pagado estudios y caprichos. Todas esas personas lo han hecho porque lo deseaban y tenían la libertad de hacerlo. Pero que hayan invertido en ti no crea la obligación de tener que recompensar sus acciones cediendo a todas las demandas y manipulaciones.

En mis consultas suelo observar que los padres o las parejas tóxicas que han estado más indisponibles suelen invertir dinero como una forma de compensar su falta de accesibilidad, y precisamente son quienes después tratarán de cobrarlo haciéndote sentir en deuda. Me gusta pensar que tener detalles, alimentar a tus hijos o proveerlos de estudios no es una conducta que deba aplaudirse o compensarse. Si tus progenitores o parejas tóxicas te están echando las cuentas, piensa que esa supuesta deuda solamente existe en la cabeza de quienes la piensan por propia conveniencia.

Las desapariciones

Otra de las conductas familiares altamente tóxicas es desaparecer. No estar disponible para atender las necesidades de un niño es una de las conductas más perjudiciales para este. Es una conducta que nace de la falta de generosidad: primar las necesidades de uno mismo con respecto a las de los demás. El niño crecerá pensando que es responsable de esa falta de atenciones debido a su ausencia de valor personal: «Si no me prestan atención, será que no soy lo suficientemente valioso».

Esa falta de valor personal percibida lo llevará a mantenerse en la periferia de las relaciones por miedo a ser descubierto como un fraude. Es posible que en el futuro no se dé a los demás, desarrolle timidez y posiblemente miedo al compromiso. Pero si entra en relaciones de pareja, encontrará justificado que sus parejas se ausenten, desaparezcan de su vida, es decir, que le hagan *ghosting*. Si este es tu caso, espero que ahora puedas reconocer la toxicidad de estos comportamientos en tu pareja. A continuación seguimos hablando de ello.

Los silencios

«Mi pareja me dejó de hablar tres días» es una expresión común en las consultas de pareja.

Dejar de hablar a alguien es, en sí, una conducta tóxica. Que no te apetezca hablar con alguien es razonable, pero dejar de hablar a un ser querido con quien mantienes una relación es un castigo, una agresión que persigue causar un perjuicio en el otro.

Interrumpir bruscamente la comunicación con alguien es una forma de maltrato. El silencio selectivo subcomunica al otro que tiene poco valor. La indiferencia hacia un ser querido atenta contra su autoestima. «No hay mayor desprecio que no hacer aprecio», reza el refrán popular, y no le falta razón. Y es que despreciar a tu pareja no es nunca una alternativa saludable, ni siquiera para quien promueve este mutismo. No nos engañemos, que no haya palabras no significa que no se esté produciendo una agresión.

Mi experiencia en la clínica con adultos me lleva a pensar que solo maltratan las personas con psicologías inmaduras y lesionadas. El silencio es una palanca de presión que persigue obtener la razón o la ventaja con un sistema de gota fría. En el centro de la cabeza del silente reside la idea de que, con cada gota de vacío o silencio, se debilita la psicología del otro. Así, continuará la tortura hasta que se rompa por completo la psicología de su víctima y se reconozca su primacía y razón.

Es una lucha de poder a la que se le han sustraído las palabras para disfrazarla de derecho. Esta forma de maltrato es mucho más peligrosa cuando la recibe un niño que está formando su personalidad. La indiferencia lo lleva a pensar que si no le prestan atención será porque es alguien poco interesante, indigno de atenciones y afectos. Otras fórmulas incorrectas, como el castigo que puede o no ser justo, expresan que se interesan por ti. El silencio, por el contrario, subcomunica que no mereces ni siquiera el esfuerzo de prestarte atención.

«Quitarle el habla», como se dice en los pueblos, es un invento antiguo que debe ser identificado como la expresión tóxica de una psicología inmadura.

Cuando existe un problema o agravio personal, no existe otra manera de gestionarlo que no sea la asertividad. Ser asertivo puede dañar al otro, pero no lesiona su psicología.

Hay una gran diferencia entre un daño y una agresión. Necesitamos poder decir que no, poner límites y expresar nuestra opinión para vivir sin tensiones a pesar de que pueda molestar a otras personas.

Ghosting en las relaciones

El *ghosting* va más allá de un silencio como castigo y persigue diferentes objetivos. Consiste en desaparecer como si de un fantasma se tratara. Tu pareja puede desaparecer de la relación ya sea solo en las redes o en WhatsApp, o literalmente de tu vida durante horas o días. Al ser un comportamiento poco común, puede provocar dudas con respecto a uno mismo, especialmente si tenemos cierta inseguridad personal o baja autoestima. Aunque en la mayor parte de los casos, no tiene que ver con nosotros mismos, sino con la persona que se ausenta. Encontramos este tipo de comportamientos en personas que aportan poca estabilidad a las relaciones, que son caprichosas y tienen baja tolerancia a la frustración. También lo encontramos en los narcisistas.

Si tienes la mala fortuna de estar con un narcisista, ya habrás llegado a la conclusión de que este tipo de personas se consideran las protagonistas de su propio espectáculo. Los narcisistas no se quedan hasta el final de su interpretación, puesto que han sido descubiertos y están perdiendo el interés de sus espectadores.

El narcisista se mide en función de las reacciones que los demás tienen de su imagen. Los narcisistas suelen elegir bien a su público: personas inseguras y dependientes, con las que es más fácil ser idealizado. Por eso, generalmente, el narcisista te deja antes de que llegues a perder tu interés por su persona. Si lo descubres, se irá de la relación para reinventarse en nuevas relaciones igualmente tóxicas en las que tampoco encajará. El narcisista siempre busca ser idealizado debido a que no tiene un concepto sólido de sí mismo.

No debemos confundir el *ghosting* con el contacto cero. Es distinto: el contacto cero es limitar voluntariamente el contacto con el otro, generalmente porque, después de una ruptura, la persona que ha sido dejada está sufriendo de forma obsesiva. Los psicólogos solemos recomendar en estos casos el contacto cero para minimizar el sufrimiento y facilitar la elaboración del duelo por la ruptura. En este caso, desaparecer de la persona que no quiere estar con nosotros tiene un sentido lógico y terapéutico. Pero el *ghosting* nunca está justificado.

Falsas impresiones

«Cuando la conocí, lo que me enamoró fue que la vi cariñosa, divertida, me entendía en todo, teníamos los mismos gustos. Ella tenía la ilusión de querer hacer mil cosas. La vi como una mujer llena de inquietudes e ilusiones. Hablábamos durante horas. Sentía que había encontrado a mi alma gemela, pero ahora sé que es un papel. Con los años me echaba esas cosas en cara, intentaba separarme de amigos y de mi familia. Me di cuenta de que era falsa, criticaba a todo el mundo por la espalda. Me ha golpeado, insultado y denigrado durante años. Todos mis amigos están ahora muy contentos de que ya no estemos juntos».

Esta es una conversación habitual en mis consultas. El impacto de las primeras impresiones te lleva a formarte una impresión falsa y prematura de tu pareja, basada en características tan llamativas como superfluas. Debes huir de personas narcisistas, especialmente seductoras y persuasivas en los comienzos. Son esas personas extraordinariamente atractivas que te hacen sentir, desde el principio, enormemente especial. Es como si hubieras conectado con el otro de tal manera que el mundo deja de existir, pero todo esto es solo un instrumento o ardid para seducirte y enamorarte. El narcisista crea un mundo en el que los dos sois especiales frente a los demás: es lo que en psicología llamamos *reflejo especular* o *almagemelización*. Esta será la primera etapa. Una tela de araña emocional pegajosa en la que tu depredador doméstico teje su próximo paso hacia tu parasitación.

Intenta que los árboles te dejen ver el bosque. Esta será la primera de las banderas rojas que debes evitar.

La intensidad y el sexo

«El sexo me enganchó muchísimo. Me había comprendido tanto en la cama. La verdad es que los momentos buenos eran muy buenos. Creo que tengo enganche a esa intensidad».

En los primeros momentos del romance, los narcisistas nutren a su pareja de sexo de calidad y variedad para realizar la conquista. El sexo puede resultarte muy interesante, pero no tiene nada que ver con la relación de fondo. Nos enamoramos del sexo con otra persona a pesar de ser quizá uno de los aspectos menos íntimos de la relación. El sexo suele ser lo primero que ofrecemos a un casi desconocido y nos reservamos la verdadera intimidad para después si es la persona adecuada. En algunos casos nunca terminas de conocer a la persona con la que estás porque no llega a abrirse y a ofrecerte su verdadera intimidad. Tu calidad de vida en pareja está mucho más relacionada con la comunicación: este es el varadero vehículo de la intimidad donde dos personas pueden conectar de forma real.

Pero es posible que te enganches desde el primer momento a su mirada, su sudor, su saliva, su pecho, su cintura y la manera en la que te toca o te hace el amor; es decir, a aspectos superficiales que no representan su verdadero yo y no resultan predictores de una relación saludable.

Los narcisistas conocen el contenido de estas páginas y lo utilizan para su conveniencia. Son personas que solo persiguen autoafirmarse. No les importas tú, solo el concepto que tienes de ellas. Son personas que desde el principio extienden cheques que después no podrán pagar. Te interesan personas que sean capaces de sostener sus cualidades en el tiempo más allá de una intensa y sexual función teatral.

Con esto no digo que el sexo no sea algo maravilloso, solo digo que deben primar aspectos de la persona de los que te puedas nutrir como su bondad, generosidad o sociabilidad.

Victimización

El llanto y la queja son instrumentos naturales de los niños para avisar de que algo no está bien. Sin embargo, algunos niños abusan de esta señal de alarma psicológica desde muy temprana edad.

Cuando los padres conceden privilegios a los niños por el solo hecho de llorar, están reforzando esa conducta de victimización que se perpetuará incorporándose a su repertorio. Así se construye un niño con baja tolerancia a la frustración que se victimizará cada vez que le cierras las opciones o se encuentre con un problema sin solución.

Victimizarse es una conducta infantil que revela una psicología inmadura y débil.

Es posible que, de forma menos evidente, tú hayas asistido a este tipo de recurso por parte de tu pareja.

Tú: «Cariño, me he dado cuenta de que cuando estamos con tus padres estás a la defensiva».

Tu pareja: «Entonces, todo lo hago mal, ¿no? ¡Para ti no hay nada que haga bien!».

En este ejemplo podemos ver que cualquier comentario puede ser interpretado como un ataque, de modo que nuestra pareja se convierte en una víctima. Este caso es bastante evidente porque recurre a extremos, de modo que se puede identificar con facilidad. Usar extremos es una forma sencilla de manipular creando los roles de agresor y víctima.

En este caso no nos interesa corregirlo, solo observarlo y ponerle nombre: victimización.

Ser plenamente consciente de que tu pareja se está victimizando te libera de su poder tóxico y es un primer paso para ponerle límite.

La expiación

La expiación es una conducta muy humana que busca liberar o eliminar la culpa que resulta tan desagradable.

Contarle a tu pareja que has hecho algo inadecuado para expiar tu culpa solo te satisface a ti. Deja a tu pareja en desequilibrio. Antes de revelar ninguna información en aras de la honestidad, piensa si puede dañar a quien te escucha. Si esa información solo va a aliviar tu culpa, quizá sea mejor opción que la resuelvas personalmente, en lugar de poner esa carga sobre la espalda de tu pareja. Son muchas las personas que prefieren no saber algo que les resultaría lesivo y así se lo hacen saber a sus parejas; generalmente infidelidades.

Es cierto que la expiación no es siempre una forma de manipulación, pero la hemos incluido porque hace daño y suele ser una pregunta recurrente en terapia de pareja.

¿Realmente mi pareja necesita conocer todos mis comportamientos? ¿Va a servir para que tome decisiones o solo la hará sentir mal?

Las parejas de forma natural suelen tener este tipo de conversación donde establecen si les gustaría saber la existencia de una infidelidad puntual o de una relación paralela, de la misma forma que se establecen los límites de la fidelidad.

Asegúrate de lo que piensa tu pareja antes de darle demasiada información. Para ello puedes preguntar abiertamente a tu pareja si en el hipotético caso de que se diera esa circunstancia desearía o no saberlo en lugar de sacarlo de forma egoísta para liberarte de la culpa.

El hipercontrol

¿Sabías que se puede construir a un celoso? Provocar celos en tu pareja es una forma de recortar su psicología.

Responder a todas las dudas de tu pareja sobre dónde has estado o con quién le va a aliviar en ese momento, pero con ello estarás creando una baja tolerancia a la duda que le pasará factura. Aliviar todas sus dudas es el camino más corto hacia la celotipia o los celos patológicos. Con ello crearás una falsa y tóxica sensación de control sobre la relación.

Si tu pareja te quiere contar su agenda social, es mejor que lo frenes. Dónde ha estado o con quién está es una información que no necesitas, salvo que este detalle sea necesario para ilustrar una historia divertida o interesante.

Pregunta: ¿Dónde estás?

Respuesta: ¿Qué necesitas?

Creo que se entiende perfectamente. Si has estado antes en relaciones donde te exigían el relato detallado de tu día a día, serás una persona acostumbrada a ceder rápidamente el control. Resolver todas sus dudas es un comportamiento altamente tóxico que creará inseguridad en tu pareja. En el fondo sabemos, aunque sea de forma inconsciente, que la debilitará, pero preferimos ese tipo de vínculo de dependencia y ansiedad.

Resulta altamente terapéutico sostenerse en la duda con respecto a nuestra pareja. Saber que ella no tiene un perfil tendente a la infidelidad es suficiente para confiar. No podemos tener la garantía absoluta de que no se producirá la muda del afecto, pero sí confiar en que es muy poco probable que ocurra. Poner la mano en el fuego por el otro es una actitud ingenua sobre las relaciones, y es también el camino más rápido hacia una piel bien tostada. No podemos confiar ciegamente en que nuestra pareja será fiel con absoluta certeza.

Nunca tendrás la garantía absoluta de fidelidad, pero no la necesitamos, es suficiente una alta probabilidad de fidelidad y el conocimiento de que si llega a ocurrir nuestra psicología lo podrá soportar.

Luz de gas

Además de ser el título original de una película de los años cuarenta de George Cukor *(Gaslight)*, también es una manera de recortar la psicología de una pareja para arrebatarle el control de la relación. Es una estrategia tóxica que procura desposeer a la víctima de su cordura.

Esta cruenta manipulación consiste en negar la realidad de algo que sí ocurrió o dar información falsa con la intención de hacerte dudar de tu propia salud mental o tu cordura. De este modo te pueden hacer ver que no dijiste algo que sí dijiste o que hiciste algo que no hiciste. Sé que es para volverse loco, especialmente si la persona que te lo hace es aquella en la que has depositado tu confianza, como tus padres, algún familiar o tu pareja.

Pero la más cruenta de las luces de gas es aquella en la que se utiliza una infidelidad que se niega sistemáticamente, a pesar de las pruebas en contra. La víctima posee datos o evidencias de la infidelidad, pero quien la ha cometido la negará imperativamente, creando así nuevas e intensas dudas.

Es la duda que se experimenta lo que acaba por minar la psicología. La víctima empieza a dudar de su propia salud mental y buen juicio para juzgar lo que la rodea, y queda en una tiniebla mental que la persona abusadora aprovecha para seguir con su estilo de vida infiel recortando a la otra psicológicamente.

La infidelidad en sí es un acto egoísta, pero crear luz de gas es un acto agresivo, que nace de la falta de bondad. Esta destructiva forma de manipulación psicológica aporta un beneficio secundario al psicópata doméstico: seguir manteniendo su estilo parasitario de vida y, generalmente, conseguir la ruptura o el trasvase a otra relación con mejores condiciones en las negociaciones del divorcio.

En el *top,* una de las perlitas del maltrato de la luz de gas es el «Estás loc@».

Seguro que alguna vez has escuchado: «Ya estás con lo mismo otra vez», «No digas tonterías» o «No empieces otra vez con tus paranoias».

El menosprecio

Consiste en bajar la autoestima de la pareja con etiquetas despectivas. Es desafortunadamente tan común como inhumano. Las personas capaces de insultar a otras generalmente han sido insultadas o etiquetadas en sus relaciones familiares, por eso les parece normal.

Menoscabar la psicología ajena no es un recurso, y no existe ningún motivo que lo justifique en ningún momento. Que alguien te insulte o te trate mal no es motivo para sumarte al insulto o al maltrato.

No hay objeciones a este respecto. En todos los casos hay que recurrir a la asertividad. Tienes en este mismo libro un esquema sencillo para que puedas poner límites a tu pareja sin denostarla.

En mi experiencia en consulta con niños, veo que son los más afectados. Tienen mayor impacto las etiquetas que los golpes, porque las etiquetas no se borran de la misma manera que lo hace el dolor físico. Las etiquetas se adhieren a tu psicología y descolocan tu personalidad como lo haría una lesión tendinosa en tu manera de articular un miembro. Este capítulo pone nombre, sin duda, a lo que denominamos *lesión psicológica*. Si además se está formando tu personalidad, crecerá dislocada. Esto significará años después un gran esfuerzo para recolocar tu psicología con un profesional. Condicionará el resto de tus relaciones.

Nunca debemos poner etiquetas a la persona, solo a sus comportamientos. La conducta puede haber sido poco respetuosa y no es un problema verbalizarlo, ni tampoco asumirlo. Pero apostillar que alguien es poco respetuoso resulta una agresión inasumible para el receptor de la etiqueta.

El ultimátum

«O nos casamos o te dejo». «Si volvemos, es para tener un hijo». «Si sales por esa puerta, ya me has visto».

Casarse, tener hijos o pasar más tiempo en pareja son todas opciones deseables, pero si se convierten en imperativos de pareja pierden todo su atractivo para convertirse en formas de maltrato que con el tiempo te llevarán a perder cualquier grado de satisfacción que tuvieras por tu pareja.

A lo largo de estas páginas estamos abrazando la idea de que nada en la relación es obligatorio, ni siquiera la propia relación. No existe nada que deba obligarte a hacer concesiones que no sean apetecibles para ti. Debemos quitar el piloto automático de la obligación y empezar a tomar decisiones en función de nuestras preferencias. Recuerda que eres libre de tomar las decisiones que conecten contigo, aunque los demás no estén de acuerdo con ellas.

Intentar forzar la relación hacia tus intereses con amenazas u órdagos de ruptura es una muy mala idea, y pone a la pareja en una situación de espada de Damocles. Es un intento tóxico de crear falsas obligaciones y recuperar el control perdido, desfibrilando la motivación de tu pareja, que, con total probabilidad, la conducirá, como poco, a la pérdida de cualquier afecto.

De nuevo la alternativa saludable es sin duda la asertividad, respetando los deseos y decisiones de la otra parte. Expresar amablemente tus deseos, por muy irracionales que sean, resulta mucho más eficaz a largo plazo y además respeta la psicología de tu pareja, que probablemente te los conceda.

El aislamiento

En clínica sabemos que las relaciones sociales son una red de apoyo contra la lesión psicológica. Cuanto más relacionada está la persona, más protegida y fuerte se encontrará. El cónyuge tóxico, sabedor de esto, poda las relaciones próximas de la pareja para poder dinamitar su psicología de forma más eficaz.

Recortar las actividades de ocio, las relaciones con amigos y con familiares son comportamientos habituales de las personas maltratadoras. Saben que las familias tratarán de abrirles los ojos por lo que supone una amenaza en sus objetivos. Intentar cortar las relaciones con el psicólogo también es algo habitual por parte de la pareja tóxica.

La infidelidad

La infidelidad siempre ha sido el tema tabú del que no nos gusta hablar, pero abordarlo resulta imprescindible si queremos tener un esquema completo de las relaciones de pareja.

Para mí, al ser psicólogo, resulta aún más controvertido enfrentarme a este tema porque, cuando hablo de ello, lo hago en representación de la ciencia y de mi colectivo profesional. Así que no podré permitirme decir «pienso» o «siento». Además, la persona que me lee o escucha está sufriendo, por lo que siempre le debo la responsabilidad de ser cauteloso. Analicemos juntos este tema para que puedas tomar decisiones más sabias en tus relaciones.

Una relación de largo recorrido nunca puede competir con el atractivo del amante. La falta de compromiso, la novedad y el halo de prohibición de esta nueva persona en la vida de nuestra pareja infiel generará comparaciones inevitables. Sería peligroso comparar dos elementos que no tienen que ver y que, por lo tanto, no pueden ser comparados. Por ese motivo, no debes compararte con el amante.

Los seres humanos somos egocentristas, nos sentimos tan el centro de nuestro universo que nos cuesta entender que no todas las cosas que pasan tienen que ver con nosotros.

Nosotros no somos el motor que rige el universo, no somos la causa de que las lluvias rieguen o no las cosechas y tampoco somos el motivo de por qué las personas hacen lo que hacen.

De la misma manera, una infidelidad tampoco tiene que ver con nosotros o nuestro comportamiento. Tendemos a pensar que la presencia o la falta de responsabilidad, la buena o mala educación o el sentido del humor de alguien tienen más que ver con nosotros. Sin embargo, tiene siempre que ver con el poseedor de la cualidad y no con el receptor de esta falta de respeto o de cualquier otra actitud. Así que puedes tener la seguridad de que eres víctima de esta infidelidad y de que no está relacionada contigo en absoluto.

Pero, aun sabiendo esto, la infidelidad pone en peligro nuestra autoestima. Tendemos a representar la realidad y a entender el mundo que nos rodea en función de nosotros mismos.

Desgraciadamente, esta no es la manera correcta de percibir la realidad. La mayor parte de las cosas que nos pasan no tienen que ver con nosotros. Esto se denomina en psicología «ilusión de control». Esta falsa sensación de control viene a satisfacer nuestro humano y poco saludable instinto de hipercontrolar nuestro entorno y relaciones.

La infidelidad no es la expresión de que la pareja no funciona y tampoco define necesariamente a la persona que ha sido infiel.

Lo que sí define a la persona infiel es la manera de gestionar su infidelidad. Lo trataremos con más detalle en el siguiente capítulo.

Una infidelidad, en sí misma, no es un maltrato. Lo es utilizar a una tercera persona para dañar a la pareja o recortarla psicológicamente. A eso lo llamamos «triangulación».

Son muchas las personas que intentan denunciar a sus parejas por cometer infidelidades. Pero la infidelidad no es un delito o falta legal. En todo caso, es una inconveniencia que traiciona la confianza de la pareja. La infidelidad no es una agresión. Es un daño y, en ocasiones, un accidente al que todos estamos expuestos por el hecho de tener una relación de pareja.

Bien distinta es la triangulación. El uso de una tercera persona para causar un perjuicio en la pareja. La triangulación se puede llevar a cabo aunque no se haya producido la infidelidad. La forma más habitual consiste en introducir información sobre terceras personas con el objeto de debilitar a la pareja. Se puede hacer en conversación o a través de redes sociales. En cualquier caso, la pareja pasa a convertirse en un triángulo perverso que debilita la psicología de una de las dos personas que la forman, empoderando a la tóxica. Las formas de triangulación van desde pequeños comportamientos, en apariencia inofensivos, hasta formas más abiertas y groseras de manipulación:

—Me encanta cómo le queda ese pantalón a Lorena, le hace un culo fantástico.
—Me ha pedido Juan que tome un café con él en su casa. La verdad es que me parece un hombre muy atractivo.
—Nos dimos un beso, pero no pasó de ahí.

Fíjate en que este tipo de informaciones no tiene el objetivo de mejorar las relaciones en ningún aspecto. Solo introduce más inseguridad en la otra parte causando malestar. Siempre con la excusa de «Es que yo soy así». Y con ello se da permiso para dinamitar las relaciones de forma egoísta. Pues bien, que seas egoísta no te da licencia para tratar mal a los demás.

En realidad, es inevitable hacer comparaciones, pero las descritas son fórmulas incorrectas debido a que causan más daño que beneficio. Estás comparaciones pueden ser sobre personas que están actualmente o han estado en nuestra vida, las conozcamos o no.

—El novio de Natalia está mucho más pendiente de ella que tú conmigo.

—Qué suerte tiene Jorge de tener una pareja tan cariñosa.

—Mi anterior pareja era mucho más fogosa que tú.

—Con María podíamos tirarnos horas haciendo el amor.

—Con Juan podía estar hablando durante días sin cansarme. De él sí que me enamoré.

—Cuando hablo con Marcos es como si el tiempo se parara, me siento muy conectada a él.

Este tipo de informaciones son innecesarias. Tienen como objeto causar inseguridad en el otro y obtener un inmaduro control de la relación. El vampiro emocional suele escudarse en su «gran sinceridad y honestidad» para seguir debilitando a su pareja.

Un mundo donde las fronteras de los adjetivos están desdibujadas es el escenario perfecto para un depredador emocional. Por eso, cuando llega a consulta algún tipo de problema relacional, empiezo por trabajar la autoestima. Necesitamos definir los adjetivos que describen nuestros comportamientos y los de los demás para poder ser justos en nuestros juicios.

7

Sobre la infidelidad

La infidelidad no es una agresión

Cuando sufrimos una infidelidad, nos sentimos agraviados y queremos hacer daño al infiel. Deseamos que sufra porque interpretamos su infidelidad como una agresión. En realidad, la infidelidad solo es una opción egoísta. La persona infiel está mirando por sus propias necesidades y no por las de la pareja. La persona infiel está buscando la propia satisfacción, ya sea para un encuentro sexual puntual, para un sexo continuado o para satisfacer deseos supuestamente más elevados, como el amor, la conexión o la intimidad. No me canso de escuchar en consulta que la conexión íntima, que se produce en la comunicación es la peor de las infidelidades.

Tendemos a interpretar la infidelidad como una agresión y respondemos atacando verbalmente, lo que siempre resulta insano para nosotros. Agredir al otro es siempre poco terapéutico porque nos hace sentir mal. Una infidelidad no es un acto que tenga como objeto causar un perjuicio al otro. Una infidelidad no es una agresión.

La infidelidad es un acto egoísta, que tiene como objeto satisfacerse uno mismo. Informa de que su perfil es egoísta porque mira más por los intereses y necesidades propios que por los de la pareja. La infidelidad, igual que dejar a tu pareja, son siempre opciones, aunque ninguna de ellas sea deseable para el que apuesta por la relación. Ambas tienen que ver con el perfil del que es infiel y del que deja.

Es normal que si te han sido infiel también te hayan mentido para borrar sus huellas, y de esta forma, facilitar su logística para alcanzar la autosatisfacción. Es probable que estas mentiras se agolpen en tu cabeza produciendo un tsunami emocional. Como las olas de un mar agitado, las mentiras que tu pareja usa para seguir siendo infiel se amontonan en tu conciencia desquiciándote. Recuerda que estas mentiras son solo actos egoístas que permitieron la logística de la infidelidad, pero nunca son agresiones. Estas mentiras tienen como objeto reducir el impacto emocional en ti.

Sé que estas líneas pueden estar removiéndote. Recuerda que el objetivo es que vuelvas a encontrarte bien. Sigue leyendo.

A menudo es un accidente

La mayor parte de las infidelidades son accidentes graduales: el 85 por ciento de las infidelidades se dan en el trabajo y con amigos de la pareja.

No son actos conscientes planificados de antemano, no son la expresión de que la pareja no funcionaba y en muchos casos tampoco son la expresión de un perfil infiel. Son accidentes de intimidad con esa persona con la que conversas más a menudo que con otras, con quien compartes en el día a día algún que otro asunto personal, con quien te tomas un café y se crea cierta comodidad, con quien sales a tomar una copa junto al resto del equipo de trabajo y un día sientes una conexión especial.

Llegados a este punto, probablemente se escapa un beso y poco más. A las pocas semanas puede volver a reproducirse un hecho parecido y antes de aparecer más sexo, y sin darte cuenta, no puedes quitarte a esa persona de la cabeza porque te has enamorado. Es entonces cuando ya no hay vuelta atrás. Este enamoramiento es el punto de inflexión que sí afectará a tu relación realmente. Esto le puede pasar a todo el mundo.

A consulta vienen hombres y mujeres que jamás pensaron que podrían avanzar en una infidelidad, que siempre lo han criticado, pero que han acabado sucumbiendo a ella. Por ello se tachan de malas personas, aunque en realidad hay una gran diferencia entre tener un perfil de infidelidad y cometer una infidelidad resultado de un accidente, facilitado por el exceso de confianza de pensar que lo controlas.

La persona infiel no es la que comete una infidelidad puntual, sino la que posee un perfil. Este patrón de comportamiento, que se repite en el tiempo con distintas parejas, supone un problema de autocontrol que atenta contra la estabilidad en las relaciones.

Aceptar la mentira

Que te quedes en tu relación después de una infidelidad o te separes será una decisión que tomarás tú. Ni tu psicólogo, ni tus amigos ni tampoco tus seres queridos deben participar. Los psicólogos nunca les decimos a nuestros pacientes lo que deben hacer. A pesar de ello, estoy seguro de que has visto películas o leído libros en los que te aconsejaron alejarte inmediatamente de cualquiera que sea infiel. Desgraciada o afortunadamente, solo uno mismo debe decidir sobre el futuro de su relación de pareja.

Para que puedas tomar la decisión sobre la continuidad o no de tu pareja, primero debes aceptar la infidelidad. Recuerda que aceptarla no es sinónimo de resignarse a estar en una relación que no deseas. Para poder aceptar una infidelidad primero debes dejar de ver la relación como una obligación de por vida.

Son muchos los beneficios de aceptar una infidelidad. La aceptación te ayudará a sentirte más relajado, combatirá los porqués y detendrá la lavadora que en este momento es tu cabeza. Si consigues aceptarla, dejarás de darles vueltas a estas desagradables imágenes. Además, la idea obsesiva de perder tu proyecto de pareja se irá haciendo menos amenazante.

Un proyecto de pareja nunca es una obligación. No se trata de una hipoteca. La pareja es una opción. En nombre del proyecto de pareja se hacen verdaderas tropelías. Este es el caso de aquellas personas que exigen que su pareja satisfaga las deudas de lo invertido. Esto resulta absurdo si pensamos que la relación es algo voluntario. Por eso es imposible que se acumulen deudas de ningún tipo.

Sigamos cogiendo perspectiva sobre las relaciones. No hay nada seguro. Una psicología más ingenua, que es siempre menos adaptativa, necesita certezas, anticipa que la relación está blindada, que es para siempre. Si algo saliera mal, el impacto en esta psicología cándida sería devastador. La frustración sería enorme. Desafortunadamente, las cosas, y no solo las relaciones, no son para siempre.

Protégete. Para ello empieza a enfocar las relaciones como algo temporal. La infidelidad suele hacer mucho daño porque te recuerda que las relaciones son finitas, que antes o después se acaban. Para muchas personas, las relaciones son un proyecto conjunto que cuando se produce la infidelidad resulta amenazado con llegar a su fin. Por eso hace tanto daño. No solo porque pierdes a tu pareja, sino porque pierdes el proyecto que habéis construido juntos.

Las psicologías más conmocionadas son de nuevo las más ingenuas. Son aquellas que nunca pensaron que su relación podría acabarse. Cada vez hay más consenso en la psicología clínica sobre la duración de las relaciones:

en la actualidad está limitada estadísticamente entre los tres y los cinco años.

Si tu relación está siendo más duradera, no consideramos que sea mejor ni peor, pero seguro que es una desviación típica con respecto a la media.

Acepta que la infidelidad se ha producido para poder pasar página y seguir adelante, te quedes o no en tu relación de pareja.

¡Ojo!, porque la comunicación no es una herramienta eficaz para pasar página. Lo es la propia psicología. La única manera de resolverlo consiste en ponerte en el lugar de los demás para poder entender la realidad de lo que está pasando. Entender a tu pareja es la única manera de pasar página sin sentir rencor ni acumular la desconfianza. La aceptación es la herramienta que necesitas, te quedes o no en tu relación de pareja. Sigamos intentando avanzar en tu bienestar empatizando con tu pareja infiel.

Cuando la persona infiel se enamora

Cuando te enamoras, eres poco objetivo. Ya hemos visto por qué te enamoras en este mismo libro. El enamoramiento supone llevar al extremo las virtudes de alguien. Atiendes selectivamente a sus características personales positivas y obvias las negativas. Si existiera algún aspecto negativo, piensas que puedes cambiarlo, así que la expectativa de relación siempre existe y puede ser idealizada.

El enamoramiento es un antiguo programa evolutivo que llevamos incorporado todos los seres humanos. Sirve para permanecer vinculados en nuestras relaciones, protegiendo a nuestra pareja y a nuestra progenie. Estar enamorado hace que interpretes otras opciones de relación de forma menos apetecible. Este es un mecanismo necesario que, durante miles de años, ha favorecido a la especie humana y no tanto al individuo en particular. En la actualidad puedes tener descendencia sin la protección de una pareja. Hoy en día el enamoramiento se sigue produciendo, a pesar de que ya no tenga un sentido adaptativo.

Esta impronta, o lazo emocional, te vincula de tal forma a otra persona que haría que te quedaras en esa relación a pesar de que fuera tóxica. Por eso, el infiel que se ha enamorado siempre empieza a ver su anterior relación como menos apetecible, aunque no se ajuste a la realidad.

Cómo detectar una infidelidad

Hoy en día es más fácil ser infiel, pero es más difícil guardar el secreto. En la era digital es más fácil encontrar los medios, pero a su vez más complicado borrar la huella. Te puede delatar un mensaje desde cualquier plataforma, un movimiento bancario o un registro telefónico. En su mayor parte las infidelidades son detectadas a los seis meses, cuando uno se relaja y baja la guardia.

Antes de encontrar una evidencia clara, la pareja ya tiene sensaciones de que la infidelidad se está produciendo. La persona infiel suele hacer cambios en su estilo de vida, en su ocio y en su forma de vestir. Su deseo sexual es muy alto al principio y muy bajo después. Cambian también sus hábitos y la manera de relacionarse con su teléfono o a través de las redes sociales. Podemos observar en este momento que está más distante. Incluso más adelante, si aparece el enamoramiento, puede llegar a sentir incluso asco ante el contacto físico con la antigua pareja. Es posible que incluso en este momento esta tenga la sensación de que ha identificado a la persona con quien le es infiel, y por lo general, suele ajustarse sorprendentemente a la realidad. Sí, probablemente se trata de esa persona de quien tanto habla.

Así que, si te dejas llevar por las sensaciones, puedes saber con gran precisión cuándo, cuánto y con quién. En el caso de que sufras unos celos patológicos, tus intuiciones pueden no ser una guía correcta, así que deberás desconfiar de ellas.

Acordar qué es ser infiel

Bajo esta premisa, los concursantes de *La Isla de las Tentaciones* deciden en pareja cuáles son los límites que no desean rebasar: un abrazo, un beso, dormir con alguien, intimar emocionalmente, o simplemente piropear o aceptar piropos. En el caso de que traicionen la confianza pactada, la sirena de la isla delata la infidelidad de la pareja.

Igual que en *La Isla de las Tentaciones,* en la vida real la pareja también decide cuáles son los límites que no desean superar. Estos pueden parecer ridículos, pero son necesarios para que la pareja pueda conservar la confianza. Pueden ir desde dar un «Me gusta» en Instagram a otra persona hasta hablar o wasapear con alguien en concreto, expresar inquietudes sexuales en público, citarse con alguien por quien sientas atracción, tener sexo con penetración, penetración sin besos, repetir sexo con la misma persona... Entre muchas otras conductas, estos podrían ser ejemplos de prohibiciones para una pareja.

A veces estos límites están poco definidos porque no los hemos comunicado con detalle. Esta falta de comunicación se produce al dar por hecho que la otra parte de la pareja comparte nuestro sistema de valores. La infidelidad es un tema de gran relevancia en la relación. Resulta muy interesante compartir en pareja lo que a cada parte le parece que sería una traición. La falta de acuerdos o de un lenguaje común en torno a este asunto puede provocar malentendidos. Los límites pueden estar en el compartimiento de intimidades, en si se puede quedar a solas con otra persona, en el tipo de beso, en tocar o abrazar de una determinada manera entre muchos otros.

La pareja puede decidir adoptar acuerdos que no coinciden con nuestra visión de la fidelidad. Por ejemplo, que tener sexo con otras personas, siempre que sea comunicado, no constituye una infidelidad, puesto que está dentro de un acuerdo previo. A veces ese acuerdo consiste en el tipo de relaciones sexuales que se pueden llevar a cabo;

en otras ocasiones, en la frecuencia o la duración de estas, aunque no es habitual llegar a estos extremos. Los demás no somos quienes debemos juzgar los límites de cada pareja. Entre el acto sexual y la ausencia absoluta de sexo hay muchos grados, como el leve tonteo, que puede o no constituir una infidelidad para la pareja.

La posibilidad del perdón

Que perdones o no a tu pareja no lo decide un psicólogo. Esta decisión solo te corresponde a ti. Si has leído algún artículo, o visto algún vídeo, donde te aconsejan alejarte de alguien que es infiel, de corta o larga duración, debes saber que esa persona no está siendo profesional. Solo uno mismo debe decidir sobre el futuro de su relación.

La persona infiel solo prospera con su amante en un 33 por ciento de las ocasiones, aunque cuando sí ocurre impacta enormemente en su círculo social y especialmente en el resto de las parejas, creando la ilusión de que resulta más frecuente de lo que es. La separación de una pareja precipita separaciones en las cercanas como si de una onda explosiva se tratara. En parejas de larga duración, en rara ocasión se rompe la relación tras una infidelidad. Más bien es frecuente haber pasado, antes o después, por una infidelidad y haberla superado.

El motivo más común para quedarse en la relación de fondo es la seguridad. Es más fácil confiar en que la antigua pareja absorberá los conflictos, puesto que lo ha hecho hasta ahora. No siempre las decisiones sobre si quedarse o no en la relación se toman en función del amor por la otra persona. Existen otros elementos que pueden tener gran peso, como la seguridad, la familia política, la economía familiar, los hijos, las mascotas, la vivienda y cualquier otra cosa que podría perderse con la separación. A estos elementos los llamamos en psicología «refuerzo negativo desde el paradigma del condicionamiento operante». Se puede decir que el condicionamiento operante explica bastante bien gran parte del comportamiento de las parejas.

Existe una mayor tendencia a abandonar la relación de pareja en aquellas personas que reúnen estas condiciones:

→ Una autoestima más alta, puesto que su autoconcepto no viene ligado a la opinión de la pareja.
→ Una personalidad más impulsiva, dado que les cuesta más prever las consecuencias de sus actos y sus decisiones suelen ser más atrevidas. Esto también es aplicable a los amigos, al ocio y al trabajo.
→ No sufren trastornos psicológicos o físicos, puesto que son menos dependientes.

Una excusa para separarse

La mayor parte de las veces se utiliza la infidelidad como excusa para separarse. Esto no quiere decir que la infidelidad no sea dolorosa, pero resulta cierto que la separación es algo que se deseaba antes incluso de que se produjera la infidelidad, y que esta supone una oportunidad fantástica para abandonar una relación desgastada.

La infidelidad te da la oportunidad de coger perspectiva y decidir si quieres seguir en tu relación de pareja. Aunque actualmente no seas víctima de una infidelidad, siempre tienes la opción de separarte por el simple deseo de hacerlo. No necesitas una excusa para ello.

Las separaciones no deben convertirse en una lucha de poder por ver quién tiene la razón. Esta es una actitud incorrecta que se asocia a personalidades orgullosas. No se deben dedicar energías a hacer campaña para perjudicar al otro en redes y demás foros.

Es mucho más interesante dedicar estas energías a la aceptación del duelo y a la mejora personal.

8

La dependencia

Somos la especie más social, lo que nos convierte en la más dependiente del planeta. Cuando somos niños no podemos tomar ningún tipo de decisión. Los adultos las toman por nosotros, y esto nos sitúa en una relación vertical que podemos haber aprendido y mantenido en la adultez.

La dependencia es otra bandera roja interior que puede malograr tus relaciones y quitarte calidad de vida. En este capítulo encontrarás un test para saber si eres dependiente.

En este libro puede haber cosas con las que no estés de acuerdo. Pero te puedo asegurar de que lo que leas aquí te va a servir de estímulo para formular tus propios juicios sobre la actuación dependiente.

A continuación analizamos las cinco causas o motivos que te pueden haber llevado a sufrir una dependencia.

Dificultad para tomar decisiones

Aprendemos a tomar decisiones de forma independiente al llegar a la adolescencia. Y al emparejarnos cedemos el control de nuestros actos a otra persona, construyendo así una dependencia, buscando a alguien a quien cuidar o que te cuide.

Por lo tanto, tener cierta dependencia emocional es normal. La cuestión es: ¿tienes una dependencia más allá de lo normal? Lo analizamos juntos.

Si quieres tomar decisiones, debes consultar primero tu consola de estados internos, debes preguntarte cómo te encuentras para decidir qué opciones se ajustan mejor a tus necesidades y estados. De este modo, si observas que te falta estímulo y estás aburrido, elegirás actividades donde exista mayor estimulación porque sabes que te conducirán a una mayor excitación y te alejarán del aburrimiento. Pues bien, en el dependiente esto no ocurre de la misma manera.

Si eres dependiente, tendrás una dificultad para identificar los estados en los que te encuentras y las necesidades asociadas a estos estados. Por ejemplo, no serás capaz de detectar en ti estados de aburrimiento, estrés, excitación, frustración, tristeza o desmotivación, de modo que para autorregularte buscarás la guía de los demás, consultándoles y dándoles el control de tus tomas de decisión.

Este problema de identificación de estados y necesidades te conducirá a la dificultad para autorregularte, es decir, para hacer deporte, meditar, estirar, relajarte o, en definitiva, tener autonomía. No podrás influir sobre tus estados físicos y emocionales.

De esta forma te verás obligado a copiar o imitar el estilo de vida de tus parejas, ya que esto supone un atajo a la hora de tomar tus decisiones. Si su pareja fuera trapecista, te subirías a un trapecio. Te puedes ver imitando sus formas de vestir, de hablar, de relacionarse, su ocio y sus actividades. El dicho «Dos que duermen en el mismo colchón se vuelven de la misma condición» en este caso podría describir tu situación.

La dificultad para autorregularte te lleva a corregularte, o, lo que es lo mismo, a regularte a través de los demás para poder influir sobre tus estados físicos y emocionales. Por lo tanto, puedes ser de esas personas que se esfuerzan mucho al necesitar a la otra persona para tomar decisiones. Además, puede que necesites discutir cada tema, especialmente si estás desregulada.

Pedir consejo a un técnico o profesional es razonable, pero si se lo pides a un ser querido (y más aún cuando es tóxico) es subcomunicarle que no eres capaz de tomar tus propias decisiones. Y así le das el poder de influir y manipular en su propia conveniencia. En cualquier caso, a sus ojos quedas desprovista de tu valor al convertirte en una persona que no maneja la herramienta de decidir sobre sí misma.

Si la persona a la que le pides favor o consejo es tóxica, hacerlo será una muy mala idea. Si no lo es, será simplemente desaconsejable.

Debido a tu perfil de necesidad de orientación y supervisión constante te acabas situando por debajo de los demás en valor personal. Esta baja autoestima te convierte en una persona poco asertiva, sumisa, excesivamente adaptable, lo que te ha podido llevar a ser abusada por tus parejas. Este abuso te conduce a una sensación de injusticia y desajuste porque tu vida se alejará cada vez más de tus deseos y necesidades.

Una autoestima inconsistente

Si eres una persona excesivamente ligada a tus metas y a la aprobación de los demás, estas características te hacen dependiente. Si estás trabajando en tus proyectos personales para demostrarte a ti mismo o a tu padre o a tu madre que eres alguien valioso, pero lo que consigues únicamente es más dinero, más estatus o más calidad de vida, pero no más felicidad, entonces eres dependiente. Dependes no de esa actividad, sino de las personas a las que estás intentando impresionar. Empieza a hacer planes contigo mismo e intenta llegar al confort eligiendo metas que no busquen estatus, sino que se alineen con tus deseos, no con los deseos de los demás.

Una buena autoestima te proporciona la creencia de que puedes superar cualquier conflicto por ti mismo y conseguir nuevos objetivos sin una pareja, o sin esa pareja en concreto. La dependencia emocional se basa en la baja autoestima, que es la única explicación sobre por qué te quedas en tu relación tóxica.

La creencia de que no vas a conseguir una nueva relación más saludable (porque no tienes el suficiente valor personal) hará que no puedas perder de vista la costa para llegar a tu nuevo destino.

Piensa si necesitas coger algo antes de soltar lo anterior porque no confías en que seas capaz de atraer nuevas personas a tu mundo.

Una buena autoestima va a permitir que dejes entrar a gente y que te puedan conocer, créeme: les vas a gustar si lo permites.

Hemos dedicado un capítulo completo a la autoestima más adelante.

Tu dependencia es aprendida

La dependencia se aprende igual que la historia del arte o las matemáticas. Te han enseñado que si aguantas lo suficiente en pareja vas a conseguir ese final feliz de cuento romántico. Pero no te han enseñado a poner límites a las personas a las que quieres. No te he enseñado a identificar conductas tóxicas. Te cuesta entender que no te quieren, que no les importas.

Te han enseñado que el romance se demuestra con palabras románticas y no con actos.

Te han enseñado que debes asumir compromiso cuando avanzas en intimidad, sin conocer siquiera a tu pareja, porque se supone que eso es lo correcto. Y si ella no te encaja y sigues en la relación es cuando empieza la relación tóxica. Y esta tendrá como base la dependencia. Si quieres salir de tu dependencia, deberías ser crítico con tu programación familiar y cultural.

Test de dependencia emocional

1. ¿Tienes dificultad para romper tu relación a pesar de saber que estás con una persona con la que no eres feliz o es inadecuada?

☐ SÍ
☐ NO

2. Cuando te maltratan psicológica o físicamente, cuando te menosprecian, te controlan, te humillan, te ningunean, te hacen *ghosting* o cuando te dejan de hablar durante horas o días, ¿te sigues quedando en esa relación?

☐ SÍ
☐ NO

3. ¿Te esfuerzas por salvar una relación en la que no estás bien? Cuando ya no te aman y quieren cortar la relación, ¿reaccionas intentando conservarla, cambiando o renegociando, luchando por que la relación funcione, aunque no tenga solución?

☐ SÍ
☐ NO

4. ¿Estás intentando cambiar para satisfacer a tu pareja, dejando de ser tú para no desagradarla? ¿Te obligas a

encajar con su ocio aunque no te guste, a pesar de que te sientes peor y ya no eres tú?

☐ SÍ
☐ NO

5. ¿Crees que te estás alejando del tipo de persona que quieres ser por estar con esa persona que ni siquiera te trata bien?

☐ SÍ
☐ NO

6. ¿Te mantienes en la relación por la expectativa de que va a cambiar, de que las cosas serán diferentes en el futuro si te esfuerzas lo suficiente?

☐ SÍ
☐ NO

7. ¿Crees que el amor resolverá todos tus problemas en pareja? ¿Consideras que el amor todo lo puede, aunque en el fondo de ti sabes que el amor romántico es en ocasiones tóxico? Si crees que el amor debe doler, marca el sí.

☐ SÍ
☐ NO

8. ¿Crees que no vas a encontrar a una persona mejor en el futuro? Si sientes ese miedo a no encontrar a alguien mejor que esa persona que debes dejar, marca el sí.

☐ SÍ
☐ NO

Si has marcado menos de dos síes, significa que tienes un grado bajo de dependencia emocional. Y aunque tener ligeros rasgos de dependencia se puede considerar normal, no debemos perder de vista otras configuraciones psicológicas que te expongo en este libro y que en conjunto te pueden robar calidad de vida.

Si has marcado entre dos y cuatro síes, significa que tienes un grado medio de dependencia emocional, y por lo tanto tu calidad de vida en pareja se puede ver comprometida. No debemos normalizar o disculpar conductas que pueden ser tóxicas. No pierdas de vista la idea de que tú estás permitiendo que todo esto ocurra.

Si has marcado entre cuatro y seis síes, significa que tienes un grado alto de dependencia emocional. Realmente puedes beneficiarte del contenido de este libro. No dejes de insistir en tu psicología hasta que tu número de síes se haya reducido.

Si has marcado entre seis y ocho síes, significa que tienes un grado muy alto de dependencia emocional, por lo que debes barajar la idea de acudir a consulta para que podamos estudiar tu caso y ofrecerte una guía más personalizada.

Cada uno de los síes que has marcado es una bendición para aquellas personas que desean aprovecharse de ti y parasitarte con tu permiso. Las personas que no han visto los resultados de tu test de dependencia saben reconocer cada sí, no porque lo lleves escrito en la frente, sino porque tu conducta les está informando.

Narcisistas, personas egoístas sin empatía y psicópatas integrados ya han realizado su propio test contigo y saben que pueden controlarte y aprovecharse de ti desde el principio. Marcaste cada uno de esos síes en su test cada vez que te quedaste en la relación cuando te trataban mal, cada vez que no expresaste lo que te disgustaba, cada vez que no pediste lo que querías, cada vez que no pusiste límite a su falta de educación y respeto.

Pasas este test con cada una de las personas con las que tienes relaciones. Hacen o dicen cosas con el objetivo de averiguar si te respetas a ti antes que a tu relación de pareja. Te están midiendo. Pero ese test no se puede superar fingiendo. Realmente debes interiorizar cada uno de los consejos de este libro si quieres aprobar estos incómodos exámenes.

Miedo a la soledad

Ojalá hubiera conocido desde el principio la relación tan estrecha que tiene el miedo a estar solo en la dependencia de los demás.

Uno se imagina a sí mismo hecho una mierda después de una ruptura, sufriendo tanto que acabas pensando que no vas a poder con ello, que será insoportable y que la alternativa a tu relación tóxica será mucho peor.

Es verdad que después de romper una relación, aunque sea tóxica, debe haber un periodo de duelo. Lo cierto es que el paso del tiempo por sí solo no sana las heridas. Si deseas avanzar, debes trabajar activamente en tu psicología para dejar atrás esa relación.

Olvidar es imposible. Hay que trabajar activamente en ello.

Seguro que tú has podido observar que cuanto más intentas no pensar en alguien, más te obsesionas. Aunque parezca increíble, muchas personas nunca han estado solas y por eso tienen miedo a la soledad. Soltar, o dejar ir, es tener la valentía para enfrentarte a los riesgos de quedarte solo. La dependencia se soluciona enfrentándote a tu miedo a la soledad.

Si no lo haces y solapas relaciones, no lo vas a poder comprobar, solo vas a trasladar el problema de dependencia en el tiempo de una persona a otra.

Pregúntate qué perderías si esa persona no estuviera a tu lado. Protección, asistencia, dinero, intimidad, sexo, cariño, escucha, conexión, admiración... Pues bien, piensa que tú mismo puedes cubrir todas esas necesidades en ausencia de tu pareja e incluso es seguro que puedes conseguirlas de otras personas (aunque no sea de una sola o en este mismo momento).

Si deseas superar el sentimiento de soledad, te invito a que te quedes solo y a esperar. Sentirás pánico, un miedo desgarrador, hasta que se va moderando y luego nada, aburrimiento. Exponerse a la soledad es como dar un salto al vacío: tu miedo a la caída libre frena que te sueltes de tu asidero para proyectarte al vacío. En esa caída sentirás con intensidad, pero si eres capaz de aguantar durante unos días notarás que se hace más soportable y la angustia y el dolor acaban desapareciendo.

Solo los niños y los ancianos no pueden estar solos de verdad. Tú, por el contrario, puedes reconstruir una red social de apoyo cuando quieras. Solo tienes que escribir un wasap o hablar con alguien, apuntarte a una clase de alguna actividad que te guste, porque tú tienes más capacidad de actuación. Nacemos y morimos solos, pero durante toda nuestra vida estamos acompañados, aunque no siempre por la misma persona.

Aferrarte a alguien cuando te está restando corta la normal dinámica de tu vida. De la misma manera que no siempre tendrás el mismo trabajo o vivirás en el mismo sitio, tampoco tendrás relaciones duraderas con la misma persona durante mucho tiempo, y eso es lo natural. Una psicología ordenada te permitirá transiciones más suaves en tu vida. En estas páginas vas a descubrir herramientas para que consigas deshacerte de estos miedos y necesidades.

La necesidad es la creencia de que no vas a poder sobrevivir sin algo. Es la que te hace dependiente de esa sustancia, del respeto, del deporte, del trabajo, del dinero, del sexo o de una persona.

La independencia no es la capacidad para hacer cosas solo, como ir solo al gimnasio o al banco.

La independencia no es indiferencia. No es que alguien no te importe.

La independencia es el desapego. Es la no necesidad. Amar nos hace libres cuando se acompaña de desapego y no de necesidad. La necesidad hace que el miedo y la obsesión se disparen. Te convierte en una persona posesiva. Y eso crea gran tensión en ti, y además te resta mucho atractivo. Por supuesto que prefieres que te quieran, que te busquen, que te escuchen, que te den cariño y te respeten o te sean fieles, pero realmente no lo necesitas.

¿Necesitas saber si te tiene en mente, si piensa en ti, necesitas que te escriba, o solo lo prefieres?

Te empoderas, o estás en control psicológico, cuando te haces independiente. Cuando dejas ir al otro, te haces independiente.

Puedes amar de forma libre si te desprendes de necesidades.

Desapégate. Imagínate a ti mismo en un precipicio sujetando a tu pareja. Si aún estás cuerdo, es porque todavía la tienes sujeta y no quieres dejarla ir porque sin ella no podrías tener lo que necesitas: la posibilidad de ser feliz. Pero te está arrastrando con ella. Soltarla será un acto de fe. Dejarla ir para poder avanzar. Cuando la ves caer, te entra el pánico pensando que ahí va tu última oportunidad para ser feliz, aunque en realidad es solo un lastre. Soltar a tu pareja te da la oportunidad de ser feliz y relajarte.

Esa necesidad de permanecer en la relación te lleva al hipercontrol. Te lleva a obsesionarte con los porqués.

¿Por qué la relación no funciona? Te haces estas preguntas para retomar el control de la relación.

Cuestionándote los porqués de las discusiones, las rupturas, las infidelidades y otros errores de pareja avivas los recuerdos sobre en qué te equivocaste o se equivocó y cómo podría haberse salvado la relación. Porque para ti seguir o recuperar a tu pareja es la única forma de ser feliz.

El razonamiento emocional es otro de los motivos por los que se hacen más fuertes tus necesidades. Piensas que un mundo sin tu pareja no vale la pena. Que no deseas vivir en un mundo en el que ella no existe. Pero solo lo crees porque lo sientes así. Has construido un mundo de sufrimiento y castigo convirtiendo una premisa falsa (la necesito porque lo siento así) en el esqueleto de todas tus creencias. Toda construcción de pareja posterior que haces también es falsa. Todo ese esfuerzo y sacrificio por tu relación no es realmente necesario. Te esforzaste por la idea de que necesitabas conseguir o conservar tu relación.

En realidad, da igual si crees que necesitas un cigarro, una copa, sexo, entrenar, trabajar, un sueldo de seis cifras, un físico o una pareja. Sigue siendo una premisa falsa. Crees que necesitas un tóxico, pero no es real. Por ello debes cuestionarte si lo crees porque simplemente lo sientes.

Ser una persona necesitada resulta poco atractivo y provocará que tu pareja abuse de ti. Esa mentalidad de escasez en la que no nos podemos autosatisfacer o hacernos felices a nosotros mismos aleja más a tu pareja y te lleva a perderla. No importa si lo que crees que necesitas es amor, sexo o aprobación. Cualquier creencia de necesidad te condena al abuso y la ruptura. Si tu pareja detecta que eres una persona poco asertiva y necesitada abusará de ti porque puede, porque le das amor incondicional. Durante mis sesiones a lo largo de todos estos años he podido comprobar que incluso las personas buenas y generosas se aprovechan de sus parejas por el simple hecho de que pueden hacerlo.

El amor incondicional solo se debe producir de una madre hacia un hijo en una relación vertical, pero no en una pareja. El amor de pareja debe ser condicional: si me tratas bien y me sumas, te voy a querer, pero no a cualquier precio.

Cosificar la relación

Es un gran error creer que la pareja es un objeto o que avanzamos juntos como un solo objeto hacia delante. Esta creencia o pensamiento mágico nos hace pensar que podemos gobernar ese barco y controlarlo. En realidad, no depende de nosotros. No somos un barco, somos dos barcos independientes que durante un tiempo pueden llevar el mismo rumbo y después tomar direcciones distintas. Puedo crear conexión e intimidad durante un tiempo, pero se puede acabar. Pensar que la pareja es algo que se puede poseer es un pensamiento muy adolescente, típico de la ingenuidad relacional.

Esta falsa sensación de control viene alimentada por la creencia de que todo lo que eres y lo que haces es por y para tu pareja: mientras te esfuerces consiguiendo cosas, como preparar una oposición, hacer deporte, aprender idiomas, promocionarte en el trabajo o estudiar, estarás en posesión del control de tu relación. Es falso. De hecho, la mayor parte de las metas por las que luchas solo te restan tiempo de calidad para estar con tu pareja. Cuando tienes muchas metas, sueles invertir tiempos basura o residuales en tu pareja. Tus metas solo son para ti y, en todo caso, como mucho, aumentan indirectamente su calidad de vida, pero de forma poco significativa. Estamos demasiado influidos por la creencia de que hay que estar en crecimiento constante, que debemos transitar el sendero de la mejora personal y no reparamos en que la mayoría de las metas que tenemos solo nos quitan calidad de vida. Y digo «nos» porque me incluyo.

El dependiente universal

Son personas que se han acostumbrado a satisfacer todas sus necesidades en su niñez, con padres que han consentido sus caprichos y deseos. Se han rodeado de personas capaces de satisfacer sus necesidades en la adolescencia y cuando se enlazan en pareja lo quieren todo:

→ La estabilidad, el afecto, el cariño y la seguridad que da la pareja.

AMORES IDEALES, RUPTURAS REALES

→ La novedad, la intensidad y la autoestima que da el amante.

→ El afecto de las amistades.

→ Todos los trabajos y oportunidades.

→ La libertad del adolescente.

→ La maternidad sin sus obligaciones.

→ Ocio ilimitado.

Son independientes en su día a día porque no necesitan a alguien concreto para llevarlas a cabo, sin embargo son muy dependientes de cada una de las cosas de las que disfrutan.

Son personas que obtienen mucho de los demás pero que dan poco. Generalmente funcionan bien con personas dependientes especialmente generosas y protectoras.

No están presentes en ningún sitio. Solo son consumidoras de refuerzo inmediato que se dejan llevar por la inercia de las situaciones para su satisfacción personal. En realidad, son personas con grandes necesidades de estímulo que se aburren pronto y desean pasar a otra cosa. El dependiente universal se puede mantener en relaciones durante un tiempo medio, invirtiendo poco, aunque el poco tiempo que invierten es enormemente atractivo.

Ven las relaciones de pareja con compromiso como una limitación para crecer y disfrutar de otras opciones. De modo que suelen buscar subterfugios a la letra pequeña del compromiso para seguir haciendo vida de solteros. Enamorarse es una limitación a su vida plena de amistades, de estímulos, de ocio y placeres.

94

Estas personas generan insatisfacción a medio plazo porque no están presentes. Están pendientes de vivir con intensidad el siguiente peldaño que las estimule y les dé lo que no tienen: la capacidad para aburrirse y encontrar dentro de uno mismo un lugar interesante, cálido, tranquilo y divertido en el que estar.

Incapaces de renunciar a nada, llevan mal las rupturas de pareja. De modo que suelen superponer varias relaciones al mismo tiempo.

9

¿Qué decisión debo tomar sobre mi relación?

Hemos analizado muchos aspectos que pueden haber estado interfiriendo en tu situación actual, en tu bloqueo o en tu ruptura de pareja. Estoy seguro de que te habrás identificado con algunas de las dificultades relacionales que he descrito.

Pero siento comunicarte que aún no tienes la preparación ideal para tomar decisiones sobre tu relación. No hasta que hayas terminado de leer este libro y tu psicología esté perfectamente configurada. De esta manera nos vamos a asegurar de que tus decisiones se alineen absolutamente con tus intereses.

Es importante que detengas cualquier proceso de toma de decisiones que estés intentando llevar a cabo porque de lo contrario no conseguirás concentrarte en cada una de las líneas de este texto que supondrá para ti un punto de inflexión hacia la felicidad y las relaciones saludables. Solo estamos posponiendo una decisión que todas las personas que están en pareja deben tomar. ¿Quiero seguir en mi relación? ¿Quiero volver a mi antigua relación? ¿Me quiero esforzar por recuperar lo que tenía?

Te encuentras inmerso en mi Método ABC: Analiza, Bloquea y Construye. Te encuentras actualmente en un análisis exhaustivo de tu situación actual y pasada.

Sé que te puede parecer que te has estancado porque no has tomado ninguna decisión, pero muchas de las que has tomado no te han llevado al sitio en el que querías estar. Por eso es necesario esperar para que aprendas a bloquear todas esas creencias que te están impidiendo tener esa vida plena y feliz que deseas. Ya sea junto a la persona amada o sin ella.

Cuando termines de leer este libro, la decisión sobre qué deseas hacer aparecerá por sí sola ante tus ojos sin que tengas que esforzarte. He creado este Método ABC para ti. Una guía necesaria para todas aquellas personas que desean claridad y dirección en sus relaciones o situaciones actuales de sufrimiento y duelo.

PARTE II

Bloquea

Ha llegado el momento de enfrentarse a la realidad. Si has dejado que alguien supere los límites que has establecido, si han estado presentes en tu vida algunas de esas banderas rojas, significa que algo falla en tu psicología. Existen en tu cabeza limitaciones y creencias que te impiden identificar comportamientos tóxicos y ponerles límite. Juntos vamos a bloquear todas esas limitaciones y creencias que te están impidiendo crecer para llegar al bienestar relacional.

Empecemos por tu autoestima.

10

Ninguno de mis pacientes ha venido con una autoestima perfecta

Sí, lo sé. seguro que piensas que tienes una buena autoestima. Cambiarás de opinión cuando acabes este capítulo. Una buena autoestima no es necesariamente una autoestima alta, sino constante. Es decir, que no cae bajo ningún concepto en ningún momento.

Vamos a hacer un ejercicio juntos. Coge un folio y un bolígrafo. Coloca el folio de forma apaisada. En el lado izquierdo, en la parte superior, escribe: «Yo», y en el lado derecho: «Trastorno».

Yo	Trastorno
Soy (conducta)	Estoy (sufriendo)
Adjetivos	Síntomas

Ten en cuenta que el yo es tu esencia, es el soy. En este lado vas a poner tus adjetivos. Pero no los vas a encontrar flotando en tu cabeza, a menos que ya hayas hecho este ejercicio antes. Así que tendrás que acudir a tu memoria. Encuentra en tus recuerdos tus comportamientos y así podrás traducirlos a adjetivos.

Un grupo amplio de comportamientos que van en la misma dirección dicen de ti que eres de una manera determinada. Si sueles compartir tu tiempo, tu esfuerzo, tu dinero o tu escucha con tu pareja u otras personas, eso quiere decir que eres una persona generosa. Pondrías «generoso/a» en tu lista de adjetivos. Sí, es así de fácil.

Lista TOP 3 adjetivos

Lee con atención y rellena más abajo.

Generoso: tienes en cuenta también las necesidades de los demás y no solo las propias.

Egoísta: solo tienes en cuenta las necesidades propias.

Buena persona: evitas el sufrimiento de las personas que quieres en la medida de lo posible.

Mala persona: no evitas o promueves el sufrimiento de los demás o incluso lo disfrutas.

Responsable: prevés las consecuencias de tus actos, sobre todo las que pueden afectar a los demás.

Irresponsable: no tienes en cuenta las consecuencias de tus actos aun cuando puedan afectar a terceros.

¿Cuáles de estos adjetivos compartes?

_____

_____

_____

_____

La unidad de medida del ser humano es su comportamiento. Puedes conocerte a ti mismo o a otras personas a través de las conductas. No hablo de conductas excepcionales, sino de un grupo amplio de conductas que van en la misma dirección.

Si eres, como yo, un amante de los *realities* televisivos, también disfrutarás del proceso de conocer a las personas teniendo únicamente en cuenta sus comportamientos y no sus relatos verbales en primera persona acerca de quiénes son. Se ha demostrado que no existe una correlación entre el autoinforme verbal y la verdadera personalidad en los sujetos. Lo que estamos buscando con esta lista de adjetivos es que seas objetivo acerca de quién eres. Recuerda que estos adjetivos son los que están relacionados con comportamientos en los que tu estado de ánimo está bien o normal.

¿Qué tiene que ver todo esto con tu decisión de apostar o no por tu relación? Todo. Una buena autoestima es el cimiento sobre el que se edifica la flexibilidad psicológica necesaria para operar en tu relación de pareja.

Ansiedad

Dependencias

Frustración

Tolerancia
al sufrimiento

Miedos

Necesidades

Pareja

Niveles de
exigencia

Autoestima

Ahora que conocemos la importancia de la autoestima como base de tu psicología y tus decisiones en pareja, te voy a ayudar con los bloqueos.

11
Los tres bloqueos de la autoestima

Bloquea tu trastorno

Como hemos mencionado, tú no eres tu trastorno, aunque sí estás embargado por el sufrimiento y es muy fácil que te identifiques con él. El trastorno es una entidad diagnóstica que te hace sufrir, un sustantivo que no tiene nada que ver contigo. Tú no eres un trastorno como la ansiedad, los celos o la depresión. Pero es muy sencillo que las dos columnas que hemos creado se fundan y acabes pensando que tú **eres** nervioso, celoso o depresivo. ¡No! Tú **tienes** miedos, celos o ansiedad, que es muy distinto. Bloquea tu trastorno con este mantra:

> YO NO SOY MI TRASTORNO, SOY MIS CONDUC-
> TAS, AQUELLAS QUE NO ME HACEN SUFRIR.
> MI ESENCIA SON CADA UNA DE LAS CONDUC-
> TAS, CADA UNA DE LAS DECISIONES QUE TOMÉ
> Y QUE ME HAN LLEVADO HASTA DONDE ESTOY.
> MI SER NO RESIDE EN MI SUFRIMIENTO.

Estas solo son algunas de las frases que yo utilizo más a menudo, pero tú puedes crear tus propios mantras que te hagan tomar conciencia de que **lo que te perturba no te define.**

Lista de trastornos

Marca las casillas SI tienes este trastorno.

- ☐ Baja autoestima
- ☐ Baja tolerancia al sufrimiento
- ☐ Dependencia emocional
- ☐ Frustración
- ☐ Tristeza o depresión
- ☐ Inseguridad
- ☐ Duda
- ☐ Ansiedad
- ☐ Miedo al compromiso
- ☐ Dificultad para concentrarte
- ☐ Trastornos sexuales, del sueño o del alimento
- ☐ Apatía

¿Qué otros trastornos te puedes atribuir?
Escribe en el recuadro:

Bloquea las opiniones de los demás

Una autoestima de hierro es aquella que no se resiente ante los ataques de los demás. La opinión de los demás no puede ser una guía para ti si deseas que tu autoestima sea una base sólida y constante. Los demás pueden o no tener razón respecto a ti. En cualquier caso, solo son hipótesis no necesariamente ciertas. Para que una hipótesis sea cierta necesitamos datos. En el ser humano los datos son sus conductas, especialmente en los conflictos relacionales.

Bloquea tus sensaciones

Si te pregunto cuánto vales, probablemente me dirás lo que sientes que vales y no lo que realmente vales. Esta sensación de valía personal es el resultado de tu especial neuroarquitectura, que es la forma en la que tus neuronas se han conectado a través de tus axones. Los seres humanos nos hemos rediseñado a través de miles de años de evolución para desarrollar una enorme autoconciencia. En el momento actual nuestra conciencia de ser y existir es lo único que nos distingue de los robots más sofisticados dotados de inteligencia artificial.

Pero mi experiencia en la clínica con parejas me lleva a reflexionar sobre que la autoconciencia tan necesaria se puede acabar convirtiendo en una falsa y desafortunada autocondena.

Es imprescindible que bloquees y desafíes estas sensaciones. Debes concluir quién eres a través de tu intelecto y no de tus sensaciones. La objetividad debe ser tu única guía para revelar tu verdadera y única realidad.

Tu nota final

Llegados a este punto, no me queda más remedio que preguntarte:

¿Cuánto vales de 0 a 10?

Siendo 0 igual a «poco» y 10 a «mucho».

Para responder a esta pregunta debes basarte en la Ley de los Principios, que nos dice que solo los principios o valores morales contenidos en la ética o en la religión nos dan o quitan valor. Son 3:

→ La bondad
→ La generosidad
→ La responsabilidad

A estos tres principios corresponden los adjetivos que suponen un paraguas para todo el resto de los adjetivos. Yo los llamo Adjetivos Madre: bueno, generoso y responsable.

Suponemos que alguien bueno, generoso y responsable también puede ser, por extensión, educado, fiel, sincero, trabajador y compasivo.

Si tienes estos tres adjetivos en tu lista, te puedes conceder un 8. Un 8 es una nota realmente alta de la que puedes estar muy orgulloso, pero debemos tener en cuenta también otros aspectos de la persona.

Si existen otros adjetivos que no tienen que ver con los tres Adjetivos Madre pero son positivos, como inteligente, ordenado, organizado, sistemático, dotado de humor o de buenos reflejos, te puedes anotar medio punto más. Pero ten en cuenta que nunca nos debemos dar más de 8,5 porque si te vas a extremos es fácil que tu autoestima rebote al 0.

Tu nota final debe ser el resultado de un análisis objetivo que no tiene en cuenta tu trastorno, la opinión de los demás o tus propias sensaciones. Bloquéalos y dame tu nota. En mi experiencia la nota que estás pensando en este momento está realmente influida por las sensaciones o manera de experienciarte durante todos estos años y que ha diseñado tu arquitectura neuronal.

Esta nota debe operar en segundo plano en todos tus procesos, de modo que no tengas que volver a hacer esta reflexión que te distraería de lo que en ese momento tienes entre manos. Si quieres vender, competir, ligar, persuadir, debatir o resolver conflictos, tu autoestima debe estar blindada a través de ese dígito que te recomiendo grabar a fuego en tu cabeza.

Ahora sí puedes responder a esta pregunta:

¿Cuánto vales de 0 a 10?

Siendo 0 igual a «poco» y 10 a «mucho».

Formulo la misma pregunta a mis pacientes de forma regular porque sé que les va a obligar a tomar conciencia de que la visión de nosotros mismos es a menudo falsa y subjetiva. Repetir esta pregunta te permitirá automatizar el proceso para que este se lleve a cabo de la forma correcta sin esforzarte.

¿Cuál es tu nota?

¿Cuál es tu nota de 0 a 10? ____

¿Existe en ti trastorno?

_____

¿Tienes sensaciones de bajo valor?

¿Pesa en ti la opinión de los demás?

12

La frustración

Este vaso es una representación de tu sistema nervioso. Si tu nivel de frustración a lo largo de los meses o años en distintas áreas de tu vida es alto, tu sistema nervioso se acaba saturando.

Alto

Bajo

Nivel de frustración

Es entonces cuando, debido al agotamiento, empezamos a acusar estrés o síntomas de ansiedad como:

→ Ansiedad subjetiva

→ Tensión muscular

→ Contracturas

→ Bruxismo

→ Sudoración

→ Dolor de cabeza

→ Náuseas

→ Pérdida de peso y apetito

→ Pérdida de deseo sexual

→ Taquicardias

→ Visión nublada

→ Mareos o vértigos

Podríamos decir que el 90 por ciento de los pacientes que vienen a consulta con síntomas de ansiedad en realidad tienen frustración. Sus pilas están realmente cargadas de frustración.

100 % de frustración

0 % de frustración

Si estás experimentando tensión psicológica debido a tu relación de pareja o a una ruptura, es muy probable que la frustración sea la causa. Afortunadamente, existe una estrategia muy eficaz para abordarla y te la voy a contar a continuación.

¿De dónde viene tu frustración?

Imagina en una suerte de símil computacional que hay un input al que llamamos «situación». Una situación es todo aquello que puedes constatar: que haga frío, que haga calor, que te suban o bajen el sueldo, el comentario de alguien o cualquier tipo de comportamiento de otras personas..., cualquier detalle del que puedas ser consciente.

A continuación hay un procesado de esa situación que se realiza a través del pensamiento. En función de cómo pienso, así me voy a sentir: emoción. Y en función de cómo me sienta, así voy a actuar: la conducta. Esta última sería el output.

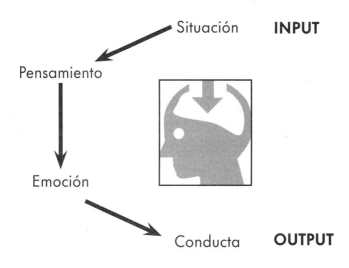

Situación   **INPUT**

Pensamiento

Emoción

Conducta   **OUTPUT**

Ante una situación, pienso de una forma determinada; en función de cómo piense, así me voy a sentir, y en función de cómo me sienta, así voy a actuar.

Intenta retener en tu cabeza estos cuatro elementos de modo que puedas andar y desandar la cadena. A continuación puedes verlos representados en las cuatro columnas del esquema ABCD.

Este esquema está basado en la terapia racional emotivo conductual de Albert Ellis y está validado por toda la comunidad de psicólogos actualmente.

SITUACIÓN	PENSAMIENTO	EMOCIÓN	CONDUCTA
	Exigencias (deberías)	Frustración	Atacar/huir
	Aceptación (preferiría)	Insatisfacción	Ocuparme

Empecemos por la columna de las emociones. Estas son de dos tipos: frustración o simple insatisfacción. Seguro que para ti son indistinguibles, pero empezamos por esta columna porque será el centro de toda nuestra intervención en nosotros mismos.

La frustración está representada en este esquema con un doble negativo indicando así la alta intensidad de esta emoción. Además, tiene un carácter acumulativo, es decir, que cualquier cosa que te provoca frustración se acumula dentro de este vaso o pila, que es una representación del sistema nervioso.

La insatisfacción, por el contrario, es una emoción simplemente negativa, pero adaptativa, compatible con la felicidad. No se acumula, sino que se disipa o libera de modo que cualquier cosa que te produce insatisfacción en el momento deja de producirte esa emoción al momento.

Pero ¿qué ocurre cuando la situación que te frustra no se va de tu memoria? Si no consigues distraerte con otras cosas y la emoción es alta, significa que estamos hablando de frustración. Una persona no está frustrada en general, sino que algunos aspectos de su vida o comportamientos de otras personas le producen frustración. Recuerda que no **eres** una persona frustrada, sino que puedes **estar** frustrada con aspectos puntuales de tu vida.

Como ves en el esquema ABCD, si eres una persona frustrada, tu actuación será la de atacar o huir. Contestar mal a tu pareja, ser sarcástico, elevar la voz, utilizar etiquetas negativas o insultos, y cualquier otra conducta que tenga como objeto causar un perjuicio, son considerados ataques. Atacar al otro es una conducta muy humana, inevitable cuando sientes enorme frustración.

Como persona frustrada, tu comportamiento también puede ser el de una persona pasiva, y no enfrentarte a las situaciones que te provocan frustración, generalmente por el miedo a no tener el suficiente control psicológico durante una conversación. A eso lo llamamos «huir». Seguro que alguna vez te ha parecido que estabas a punto de explotar pero has preferido callarte porque sentías que podría perjudicarte en tu relación, con tu familia o incluso en tu trabajo

Pero fíjate en que, si sientes simplemente insatisfacción, tu conducta será la de ocuparte. Una persona se ocupa siendo asertiva, tomando decisiones, moderando los niveles de inversión en la relación en la que se encuentra y con cualquier tipo de comportamiento beneficioso para sí misma y la relación.

Ahora te formulo la pregunta del millón: entonces, ¿qué es lo que te lleva a la frustración? La respuesta es clara: tu pensamiento. Vamos a ocuparnos de ello.

13

Bloqueando tus exigencias

Para poder bloquear una exigencia primero debemos saber qué es y de dónde viene.

Hay dos formas de pensar sobre una situación. Ambos pensamientos son juicios de valor. Los juicios de valor son creencias exigentes acerca de cómo deberían ser las cosas.

El pensamiento o juicio de valor que precede a la frustración es siempre una exigencia. La exigencia en psicolo-

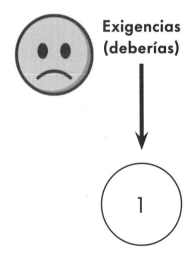

Exigencias (deberías)

1

gía es un pensamiento, no un reproche expresado en voz alta a tu pareja, que sería la conducta de ataque. Es un pensamiento que expresa obligatoriedad. Nos dice que sí, y siempre sí, las cosas deben ser de una determinada manera.

Decimos de la exigencia que es un tipo de pensamiento rígido, inflexible, dogmático. Exigir que las cosas sean de otra forma conduce inexorablemente a la frustración de forma inmediata. De hecho, el ser humano solo puede sentir frustración a través de este pensamiento rígido.

En la aceptación se contemplan dos o más opciones para un comportamiento. Es por lo tanto un pensamiento flexible.

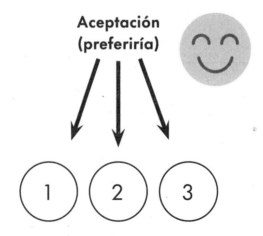

Imagina que vas a cruzar un paso de cebra. Pasa un coche y, en lugar de parar, su conductor te mira y sigue adelante. Es muy probable que te frustre. En ese momento en tu cabeza se agolpan frases como: «No lo entiendo, hay que fastidiarse, este tío es tonto», y otras similares. Estas frases son claras exigencias. La exigencia de que el conductor debería haber parado. Pues bien, existen muchos pasos de cebra imaginarios en las relaciones de pareja: son la exigencia de que se debe comunicar, tomar la iniciativa, no dañar al otro, ser discreto, escuchar, cuidar, proteger y cualquier otra conducta que tenga como objeto la pareja o el grupo con el que te relacionas.

Hace cuarenta años Albert Ellis diseñó su Terapia Racional Emotiva Conductual (TREC) y la aplicó con gran éxito en las relaciones de pareja y rupturas. Tenía como objeto flexibilizar a la persona de modo que dejara de sufrir. Es considerado el padre de la psicología moderna y haremos muchas referencias a él. Recomiendo su lectura.

Si echas un vistazo en tu memoria a aquellas situaciones que están marcadas emocionalmente, podrás recoger una lista amplia de situaciones que te frustran en las relaciones, aunque hayan pasado meses o años, puesto que la frustración hace que el asiento en la memoria siga activo consumiendo recursos y energía. Sí, aquellas situaciones que no aceptas van a consumir tu energía debilitándote.

Situaciones que te frustran, que te decepcionan, te crean culpa...

Anota situaciones actuales:

_____

_____

_____

_____

Anota situaciones pasadas:

_____

_____

_____

_____

Comenta tu impresión y qué te está pareciendo:

_____

_____

_____

_____

Que no me presten la suficiente atención, que me juzguen o me cuestionen, que aireen confidencias personales en público, que me manipulen, que me mientan, la infidelidad, la falta de respeto o de justicia, entre otros muchos comportamientos, se suman para formar un total que llega a saturar tu sistema nervioso. Tu sistema nervioso es como un músculo o como un tendón y corre el riesgo de agotarse, puesto que, como cualquier otro órgano, funciona con una cantidad de energía limitada.

Ahora que ya sabes que tu frustración es el resultado de tus exigencias al respecto de algunas situaciones, es interesante que antes de lanzarte a bloquearlas, te entrenes en la identificación de estas exigencias. Si te lanzas demasiado rápido al bloqueo, obtendrás un cambio inmediato, pero de poco calado, pues no se sostendrá en el tiempo: seguirán colándose en tu cabeza exigencias que no vas a poder localizar.

En este punto es muy interesante que hagas una lista rigurosa de situaciones en las que exista algún tipo de exigencia y te estén llevando a la frustración. Si tienes bien localizadas tus exigencias, es el momento de bloquearlas.

La aceptación como bloqueo

Vas a poder bloquear esas tóxicas exigencias a través de la aceptación. **Aceptar una situación es entender que no existen las exigencias. Que lo único obligatorio en esta vida es comer, respirar y dormir.** Sí, también una operación o una transfusión de sangre en caso de necesidad. Quiero decir que lo único obligatorio es aquello que precisamos para la supervivencia. El resto de las cosas son preferibles, incluida una relación de pareja y todo lo que suceda en el seno de esta. Que mi pareja sea más respetuosa conmigo, que me escuche o que respete su compromiso conmigo no es una obligación porque la propia relación tampoco lo es. Me gusta pensar que es preferible, pero no obligatorio que me respeten y me traten con educación.

Puede parecer que soy demasiado laxo a la hora de poner límites. Pero lo que facilita que yo sea asertivo y exprese con claridad las cosas que no me gustan a las personas con las que me relaciono es que estas cosas solo me crean insatisfacción, no me frustran. Si me encontrara frustrado, probablemente no estaría en disposición de comunicar o poner límites, puesto que sería agresivo en la manera de hacerlo.

De modo que cuando siento que estoy frustrado con alguien me pregunto: ¿realmente esta persona debe ser más paciente conmigo? ¿Mi pareja debe ser justa conmigo? Poner entre interrogantes estas exigencias es un proceso al que llamo «bloqueado de las exigencias». Albert Ellis lo denominó «debate socrático», una técnica que viene de antiguo y que seguimos usando en la actualidad en las consultas.

¿NO DEBERÍA...?

Aaron Beck, autor y psicólogo coetáneo de Ellis, también se refirió a las exigencias como errores cognitivos, que cuestionaba con su terapia llamada Reestructuración Cognitiva, presente en todas las terapias modernas. De la misma manera, examinaba las exigencias y las cuestionaba debido a su falta de evidencia objetiva.

Sostenemos muchas de estas exigencias porque hemos sido educados o programados para creer en ellas. Es cierto que la exigencia es el mecanismo con el que el grupo controla al individuo, y, por lo tanto, son funcionales hasta cierto punto. Pero ¿qué ocurre cuando estas exigencias son un freno para el individuo? Dejan de ser funcionales y tenemos que bloquearlas para conseguir más felicidad y adaptación a la pareja y al grupo. Que sientas que esa exigencia que tienes en tu cabeza es real no significa que lo sea, solo nos dice que estás razonando de forma emocional. **Que sientas que algo es real no quiere decir que lo sea. Ninguna exigencia es real salvo las que precisamos para sobrevivir.**

Si te preguntas si tu pareja debe ser justa, generosa o educada contigo, la respuesta será probablemente que sí, porque de lo contrario te dañaría y entiendes que no hay que dañar a las personas a las que quieres. En mi experiencia, la exigencia de que no se debe hacer daño a un ser querido es la más habitual: no se debe dañar a los demás. Y está tan interiorizada que probablemente has pasado por encima de ella mil veces sin haberla podido bloquear.

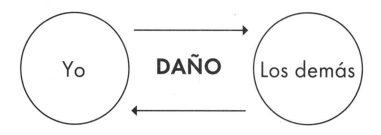

Pues bien, **esta aparente frase inofensiva es la responsable de la mayoría de las frustraciones en las relaciones.** Lo cierto es que una relación siempre está mejor definida por el intercambio de daño que por el de beneficio. La aceptación de este daño es necesaria para el buen funcionamiento de la relación. Como ejemplos de daños, encontramos el decir no a cosas, poner límites o expresar tu opinión, entre muchas otras. No confundamos daños con agresiones. Entre los daños sufridos, también podemos encontrar actos egoístas que procuran el propio bienestar pero que, sin embargo, no persiguen un perjuicio para el otro. Estas conductas suelen estar asociadas a un perfil egoísta, maleducado, grosero o poco empático.

Como venimos haciendo desde el principio del libro, es interesante que examines tus exigencias en tus relaciones familiares de origen. Identifica y examina antiguas exigencias con tu padre, con tu hermano, con tu madre, con cualquier otro familiar, y bloquéalas junto al resto. En mi opinión, es difícil que consigas avanzar en tu flexibilidad en tu relación de pareja si antes no lo has hecho con respecto a tu familia. Te darás cuenta de que las mismas exigencias que se han pronunciado en tu relación actual ya estaban ahí antes de que conocieras a tu pareja.

Si quieres ser dueño de una psicología absolutamente madura y ordenada, necesitas dos configuraciones psicológicas:

Madurez

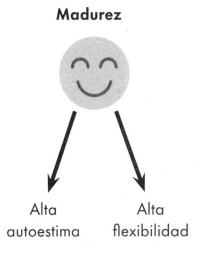

Alta autoestima   Alta flexibilidad

La primera es una autoestima blindada.

La segunda, una mente flexible, capaz de aceptar la inconveniencia en tus relaciones.

Si posees ambas configuraciones, seguro que ya habrás cortado el cordón umbilical con tus seres queridos. La dependencia emocional es el principal problema cuando todavía existe ese lazo.

Pero ojo, porque no es suficiente con flexibilizarte en la relación actual, debes cortar lazos de dependencia basados en las exigencias con respecto a la familia de origen. Esto es bloquear exigencias como:

→ Mi padre debió haber hablado más conmigo.

→ No debería haberme criticado delante de otras personas.

→ Debería haberme apoyado.

→ No debería haberme machacado sabiendo que mi psicología era débil.

→ Tendría que haberse ocupado de mí.

→ Un padre no debe dañar a sus hijos.

→ No debería haber desatendido mis necesidades.

→ Deberían haber sido más justos conmigo.

→ Debería haber sido lo más importante para ellos.

→ No deberían haberme juzgado duramente.

→ Mi madre no debería haber permitido que mi padre me hiciera daño.

Quizá te cueste elaborar este tipo de frases. Lo cierto es que tu padre o tu madre son la única representación de ser querido cuando eres pequeño. A ellos se les atribuye la obligación de cuidar, de proteger y de no dañar. Pero lo cierto es que, por mucho que nos pese, no existe un carné de padre por puntos como el carné de conducir actual. Y en la intimidad y anonimato de las familias, se hace lo que cada uno quiere, por malo que sea y por mucho que nos horrorice. Desde comportamientos no regulados por la ley, como llevar a tu hijo al sobrepeso, hasta comportamientos poco éticos, como etiquetar a tu hijo de torpe, o simplemente no tener en cuenta sus estados emocionales o físicos. Ni tú ni yo podemos hacer nada al respecto, y mucho menos si se trata de hechos pasados que ahora solo están registrados en tu memoria.

Cualquiera que quiera evolucionar psicológicamente y mejorar en las relaciones de pareja actuales debe trabajar desde la base de su psicología, que se construyó desde las relaciones familiares pasadas. Con ello, vamos a conseguir sentirnos más relajados y felices, pero también vamos a mejorar nuestras relaciones algo tóxicas con nuestra familia de origen y nuestras relaciones de pareja actuales, donde también se pueden estar dando este tipo de conductas.

Como habrás observado, el cambio en tu relación de pareja debe nacer de ti. Generalmente separo en las terapias de pareja a las dos partes para quedarme con la más afectada psicológicamente, y desde ella trato de introducir el cambio.

14

¿Funcionan las terapias de pareja?

Es un mito de las terapias de pareja el hecho de afirmar que, para que se produzca la mejora de la relación, deben acudir las dos partes a consulta. En estos últimos veinte años, he podido comprobar que la persona que está más motivada, que suele ser la que llama por teléfono para solicitar la cita con nosotros, es la que finalmente acude a terapia. Parece injusto que la persona que sufre las consecuencias de una relación, en muchas ocasiones algo tóxica, sea la que tenga que venir a consulta y esforzarse. Esta idea nos la han expresado innumerables veces durante las sesiones.

Cuando avanza la terapia, esa sensación de injusticia por tener que compensar los errores de la pareja viniendo a consulta se va tornando en una sensación mucho más gratificante: la de que se está invirtiendo en la mejora personal, en tener más control emocional y también sobre la gestión de la relación de pareja.

En otras ocasiones, a pesar de que las dos partes deseen hacer terapia de pareja, nosotros lo frenamos porque pensamos que las sesiones a dos se pueden convertir en una batalla campal, en una lucha de poder en la que ambas partes intentarán pujar por ver quién tiene la razón en cada momento, incluso utilizando al psicólogo para ponerlo de su parte. Esto suele resultar bastante incómodo para nosotros. Por eso decimos que la mejor terapia de pareja que existe es aquella en la que solo participa una de las partes. Generalmente es la más afectada, por lo tanto, la que se encuentra más motivada para generar cambios.

Nuestro paradigma es el de que el cambio en la relación tiene que ir precedido de un cambio personal. Las configuraciones psicológicas de la parte más afectada suelen ser las que mantienen el problema, como las manipulaciones, el victimismo, los ataques... Si conseguimos que esa parte se haga fuerte y tenga mejores configuraciones psicológicas, va a poder gestionar con solvencia los problemas en su relación sin que exista una tercera persona.

Muchas de las terapias de pareja tradicionales solo funcionan durante el tiempo en el que el psicólogo está presente. Después los cambios suelen perderse. O, dicho de otra manera, el único cambio permanente es el que se produce en uno mismo.

Otro de los falsos mitos de la terapia de pareja es que discutiendo se solucionan los problemas. La consulta no es un espacio confortable en el que liberar o sacar toda la basura o rabia. La terapia tradicional invitaba a los cónyuges a discutir sobre los temas de conflicto provocando que ambos se fueran descolocados y enfrentados a casa.

Comunicar lo que te molesta de forma asertiva a tu pareja es el resultado de todo un proceso de terapia personal que pone en orden tu cabeza. Solo debes comunicarte después de haber ordenado tu cabeza. De modo que, si voy a intervenir en mi relación de pareja, me aseguro de estar tranquilo y ordenado. Antes me aseguro de que las cosas no me afectan. Solo cuando he bloqueado mis exigencias y estoy simplemente insatisfecho, considero que puedo comunicarme con mi pareja. El enfado debe ser una señal de stop en la comunicación en pareja. Posponer hablar de los problemas no es suficiente, es necesario elaborar los problemas en tu cabeza antes de comunicarnos.

¡¡¡STOP!!!

Te doy la enhorabuena porque ya has andado gran parte del camino. Tu psicología es ahora mucho más sólida que cuando abriste este libro por primera vez. Queda muy poco para que puedas hacer frente a tus problemas de pareja sin sentirte mal o hacer sentir mal al otro. Mi recomendación es que sigas poniendo el foco en tu propia psicología y sigas trabajando para poder bloquear todos esos aspectos que hasta ahora te han robado la serenidad.

15

¿Cuándo debo comunicarme
con mi pareja?

La comunicación está sobrevalorada. Sí, sé que con esta afirmación me adentro en terrenos pantanosos, ya que la comunicación ha sido, desde el principio de los tiempos, el motor de la mejora en las relaciones. Personalmente, no estoy de acuerdo en atribuir toda esa importancia a la comunicación. Espero que tengas en cuenta que lo digo después de haber disfrutado durante veinte años de terapias de pareja. Y te voy a decir por qué.

Quiero que...   Deseo que...

En las terapias tradicionales, el objetivo fundamental es acercar posiciones. Se pretendía que cada parte se esforzara un poco más por la otra. Es muy conocida la cajita de los deseos, donde cada uno introducía un papelito con sus frustraciones.

De este modo, el otro puede rescatarlas y satisfacerlas. La presencia del psicólogo obliga a esforzarse, pero cuando las terapias acaban, los cambios no se sostienen en el tiempo y la terapia resulta infructuosa. Y no solamente la terapia es ineficaz, sino que resulta contraproducente debido a que aumenta el nivel de exigencia de cada participante. Aumenta la tensión, puesto que tienen que esforzarse e invertir más en su relación de pareja. Y cuando lo hacen, aumenta el nivel de exigencia con el otro.

Es absolutamente conocida la relación entre invertir mucho en la relación y exigir mucho, o al menos un mínimo (exigencias de los mínimos).

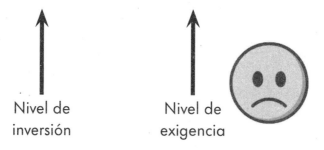

Nivel de inversión   Nivel de exigencia

En cualquier caso, los niveles de exigencia quedan disparados. Las tensiones dentro de la relación garantizarán la ruptura en poco tiempo.

Es lo que nos decían los libros de terapia de pareja cuando salí de la universidad. Pero, cuando lo probé en muchas ocasiones con fatal desenlace, me di cuenta de que tenía que existir otra fórmula para ayudar a las parejas y, en concreto, a cada uno de los integrantes de estas.

16

¿Cuánto debo invertir en mi pareja?

¿Cuánto debo aportar o invertir en mi relación?, ¿cuánto me debo esforzar por mi pareja? La respuesta es sencilla: debes esforzarte únicamente lo que te apetezca. No hay un límite para saber cuántas veces debes ir al teatro sin ganas. Si a tu pareja le apetece ir diez veces al teatro y a ti dos, lo adecuado es que solo vayas dos veces, puesto que las ocho veces restantes será una obligación.

Es mucho más interesante encontrar puntos de coincidencia donde os apetezca a los dos la actividad que compartáis y ninguno de los dos se sienta obligado.

Aunque seguro que estás pensando: ¿y si no nos apetece pasar tiempo juntos? En tal caso, tiene poco sentido que compartáis un tiempo que no será de calidad y es posible que sea interesante replantearse la relación porque tu relación no debe ser una obligación.

Sí, eres absolutamente libre de invertir lo que te apetezca en tu relación. Hasta el momento te habías conducido en piloto automático tomando decisiones sobre lo que supuestamente debías hacer. Este es un atajo peligroso a la hora de tomar decisiones, puesto que te has estado obligando a hacer lo que se supone que es correcto o deseable para los demás.

Yo te pido que desactives ese piloto automático y te tomes el tiempo de decidir si lo que vas a hacer te apetece de verdad. En el caso de que no desees llevar a cabo esa inversión puntual en la pareja, o desees poner algún tipo de límite en la relación, deberás comunicarlo.

La inversión que hagas en tu relación de pareja debe ser tal que, si se acaba en este momento, no te quedes con la sensación de haber desperdiciado tu tiempo y esfuerzo. Si tu relación se acaba y tienes la sensación de «ni agradecid@, ni pagad@», es que has invertido demasiado en tu expareja. Es importante aprender estos conceptos de inversión, ya que puedes volver a cometer los mismos errores en tu relación actual o futura y acabar con un desenlace desagradable.

Espero que estas líneas te hagan sentir más libre para invertir menos en los demás y en tu pareja. De esta forma, comenzarás a sentirte más conectado a tu relación.

17

¿Ya puedo comunicar?

¡Claro! Si ya tienes una autoestima blindada que no depende de la opinión de los demás, una mente flexible y te sientes relajad@, desde luego este es el momento para trasladar a tu pareja cualquier comportamiento que te cree insatisfacción. Si tu trabajo personal ha dado sus frutos, las mismas cosas que antes te frustraban como la injusticia, el desorden, los juicios o la incoherencia ahora te crearán simple insatisfacción.

Decirle a tu pareja las cosas que no te satisfacen es a lo que en psicología llamamos «asertividad». Es la capacidad para decir no, para poner límites, para expresar tu opinión con convicción, para pedir favores y para cualquier otra acción que tenga que ver con la gestión de las relaciones personales. Por su importancia en tus relaciones actuales y futuras, tenía que protagonizar algunas líneas de este libro.

Ser asertivo es dañar al otro. Causas un perjuicio en el otro cuando le comunicas tus insatisfacciones, aunque tu objetivo final no sea hacerle sufrir. Quiero aclararlo porque es inevitable dañar a tu pareja cuando te comunicas de forma eficaz. Si estás buscando un sistema que evite causar el más mínimo roce a tu pareja, te diré que no existe. Resulta por lo tanto dañar.

Pero no debemos confundir dañar con agredir. La agresión es una conducta que tiene como objeto causar un perjuicio en el otro.

En la asertividad, el objetivo es conseguir una mejora en la relación, solucionar un problema o desnudar una conducta tóxica. Por lo tanto, dañar a la persona con la que te relacionas será necesario para el buen funcionamiento de la relación. Pero debes procurar que la asertividad solo cause el daño necesario y no se convierta en una agresión.

Vamos a tener en cuenta estas breves sugerencias que te serán de gran utilidad:

• **Comunica solo conductas actuales.** Lo ideal es expresar tu insatisfacción con comportamientos que hayan ocurrido en el mismo día, en el mismo momento o, como mucho, en la misma semana. Sacar trapos sucios del pasado es lo mismo que activar el ventilador del resentimiento. Esparcirá toda la basura emocional que debería haberse resuelto en terapia individual.

• **Comunica para mejorar tu relación, no para ganar.** Asegúrate de que el motivo por el que estás siendo asertivo sea para mejorar tus relaciones personales y no, por el contrario, para apuntalar tu autoestima. Si pones tu yo en las discusiones, estas se convertirán en luchas de poder por ver quién queda por encima. Para que una relación funcione sin que sufra ninguno de los dos, debe ser de igual a igual. Una relación puede desequilibrarse si uno queda relegado a una posición inferior. Personalmente, prefiero no tener la razón en discusiones las veces que sea si con ello nivelo una relación que se ha desigualado. Por ejemplo, si tu pareja no es capaz de renunciar a tener la razón nunca para igualar la relación, debes tenerlo en cuenta cuando tomes tu decisión sobre si continuar, o invertir tanto, en esa relación con una persona orgullosa.

• **Comunica una sola cosa por vez.** Si nos lanzamos a expresar las inconveniencias con una lista interminable, va a ser percibida por nuestra pareja como un ataque directo. Lo más probable es que se bloquee y nos devuelva el ataque. Lo adecuado es que comuniques una sola cosa por vez. Más adelante tendrás la ocasión de hacerle comentarios a su comportamiento cuando lo repita en el futuro. Si existen frustraciones pasadas, airearlas de nuevo no va a hacer que desaparezcan, solo va a crear un nuevo conflicto innecesario. Por eso antes ya te he advertido sobre los peligros de la comunicación y sobre las bondades de configurar tu cabeza. Lo que hace avanzar verdaderamente la relación hacia la satisfacción es el cambio personal.

• **No hagas juicios de valor exigentes.** Asegúrate, a la hora de comunicar con tu pareja, de que las inconveniencias que deseas expresar no tengan asociadas un «deberías». Por eso, es interesante que reflexiones sobre lo que vas a decir y te asegures de que tu texto no contiene ninguna frase parecida a las siguientes, ni cualquier otra frase que contenga una exigencia implícita.

→ No lo entiendo.

→ No me cabe en la cabeza.

→ Hay que fastidiarse.

→ Pero ¿cuántos años tienes?

→ Es que no me lo explico.

→ ¿Por qué eres así?

→ Cualquier insulto o etiqueta.

• **Sé preciso.** Debes ser enormemente concreto a la hora de describir el comportamiento que has observado como un inconveniente para ti o para tu relación. No es lo mismo decirle a tu pareja que es egoísta que transmitirle que un comportamiento puntual y actual es egoísta. Tildar de egoísta a alguien es invalidarlo como persona y siempre va a ser percibido como un ataque que tendrá una respuesta inmediata, provocando un conflicto mayor. Pero, al contrario, no supone una amenaza para la persona que etiquetes un comportamiento puntual en un momento puntual, puesto que puede ser corregido.

• **Evita usar sensaciones a la hora de comunicar.** Utilizar frases como «Me da la sensación de que has actuado mal en este momento», o «Creo que estás actuando de forma irresponsable en este momento» puede llevar a tu pareja a manipularte con la siguiente respuesta: «¿Eso te parece? A lo mejor son solo sensaciones tuyas». Es lo mismo que decirte que estás loc@ y que te inventas las cosas. Es preferible utilizar expresiones que trasladen objetividad, como «Veo que estás actuando de forma irresponsable en este momento», «Observo que tu comportamiento no está siendo generoso en este momento».

• **Incluye emociones en tus frases asertivas** para que tu pareja pueda empatizar contigo y vea cómo te sientes. Yo suelo utilizar: «Y esto me hace sentir incómodo, mal, despistado, descolocado, desubicado», y cualquier otra expresión que refleje cómo me siento con su comportamiento.

• **No adivines.** Recuerda que solo debemos ser asertivos con comportamientos observables. No des por hecho que sabes cuál es la intención o el motivo con el que tu pareja actúa si no lo ha expresado verbalmente. Dar por hecho algo en las relaciones de pareja es como conducir con los ojos cerrados. Lo más probable es que acabes estrellándote. Si quieres saber cómo orientarte, necesitas un mapa de relación que debe facilitarte tu pareja. Si tu pareja no expresa lo que le gusta o disgusta, cuáles son sus intenciones o planes, es mejor preguntárselo que suponerlo. Las suposiciones te hacen construir castillos en el aire y nos apartan de la realidad de las cosas.

El 90 por ciento de las suposiciones de mis pacientes suelen ser un error e introducen muchísimo castigo en las relaciones. Invito a mis pacientes a preguntar cuando tienen dudas y salir de esa tiniebla relacional que representa la duda. Tratar de rellenar esos huecos de información con adivinaciones y suposiciones es, probablemente, el error más común y, por cierto, el recurso más habitual para que las series duren más temporadas: el malentendido.

Soy muy fan de películas y guiones, especialmente de aquellos en los que el personaje principal trata de resolver algún problema con su familia o pareja, pero en lugar de comunicarlo abiertamente se lo guarda y cuando trata de comunicarlo surge cualquier distracción que lo impide. Cada vez que nuestro personaje intenta volver a comunicarse es interrumpido nuevamente y la bola se hace cada vez más grande creando un enredo imposible de deshacer. Probablemente todo se hubiera arreglado desde el principio si el personaje hubiera anunciado haber cometido un error, aunque nuestra película no sería tan divertida.

Si ya has corregido tu autoestima y tu nivel de exigencia es bajo, es muy probable que te hayas lanzado a comunicar de forma asertiva siguiendo los anteriores consejos. Pero si no es así, primero debemos asegurarnos de que tu autoestima es muy sólida y tu mente muy flexible. En ese caso, debemos seguir la propuesta de trabajar con cada una de las partes de la pareja, y en especial con la más rígida, para obtener mayor flexibilidad. Las parejas flexibles tienen la garantía de funcionar en el conflicto con éxito. Este puede ser un buen momento para echar un buen vistazo al esquema ABCD y releer los capítulos sobre la frustración y la aceptación.

¿Y ya está? No. Es posible que, a pesar de que te encuentres en una pareja donde ambas partes seáis flexibles, no funcione. Esto suele ocurrir porque tu pareja no es compatible contigo.

18

Tu relación es un calcetín

¿Sabes qué tienen en común las relaciones de pareja y unos calcetines? Que a ambos puedes darles la vuelta en cualquier momento. Sí, puedes construir una relación desde el principio esforzándote, invirtiendo, adquiriendo gran compromiso e intimidad y, de repente, dejar de hacerlo. En cualquier momento de esa relación puedes decidir retirar todo ese esfuerzo e inversión. Sí, puedes darle la vuelta como un calcetín una y otra vez. Y esto es porque las relaciones son algo dinámico que debe responder a tus deseos y necesidades personales y no a la obligación.

Te aseguro que tienes más capacidad de maniobra de la que piensas. No debes tener miedo a construir relaciones de pareja por el temor a que después tengas que mantener los mismos ritmos y tiempos si no es eso lo que necesitas.

Y lo mejor de todo es que no necesitas una excusa para ello. Es suficiente con que expreses el verdadero motivo. No hay otro motivo que lo que te apetece o no te apetece:

→ Verás, ahora mismo quiero dedicar más tiempo a mis amigos o a mi ocio.

→ En este momento no me apetece tener sexo.

→ No quiero tener que contestar a tus mensajes cada vez que me escribes.

→ Hoy no me apetece verte.

Es posible que tu pareja te responda que, como hasta la fecha había sido así, debe seguir siéndolo. Afortunadamente los hábitos no son la base para las obligaciones, solo lo son las decisiones consensuadas por los dos. De esta forma, puedes tomar partido en estas negociaciones para reconducir tu relación y que se ajuste mejor a tus deseos y necesidades. Intentar resolver las frustraciones de tu pareja a tu costa acabará reduciendo el grado de satisfacción con tu relación y a largo plazo dejará de merecerte la pena.

Por todo lo dicho, habrás llegado a la conclusión de que tienes más capacidad de maniobra de la que creías. No debes tener miedo a la hora de invertir en una relación de pareja por temor a que después tengas que mantener los mismos tiempos y ritmos.

Puedes ecualizar cada elemento de la relación a conveniencia, ya que la pareja es, además, parcelable: cada elemento de la relación no tiene nada que ver con el resto de los elementos. La comunicación no tiene nada que ver con el sexo, la intimidad no tiene nada que ver con el compromiso y, de la misma forma, la fidelidad tampoco tiene que ver con el resto de los elementos.

Todos son independientes, por lo que puedes comunicar a tu pareja, o futura pareja, que deseas tener intimidad sin sexo, sexo sin comunicación, solo amistad o cualquier combinación que se te ocurra.

19

¿Es tu pareja compatible contigo?

Llegados a este punto, es sencillo hacer un análisis sobre si tú y tu pareja tenéis futuro. Nos conocemos a nosotros mismos en referencia a los demás y, de hecho, si no existieran otras personas, no sabríamos definirnos. Sabemos que somos generosos porque nos comparamos con otras personas que puntúan en ese mismo adjetivo. Compararse es la manera en que aprendemos quiénes somos y cómo funciona el mundo y resulta una necesidad si no sabemos que es algo nuevo para nosotros. Para saber si soy generoso, primero debo conocer su definición: «Alguien capaz de atender a las necesidades de los demás y no solo a las propias». Acto seguido debo situarme en un continuo entre cero y diez. Lo haré partiendo del cinco, que representa el concepto de «lo normal». Esta normalidad tiene que ver con tu círculo de referencia, teniendo en cuenta tu edad, tu sexo, tu posición social, económica, cultural o familiar, entre muchos otros factores. A continuación, establezco los extremos. Cero es la ausencia absoluta de generosidad, y diez, la presencia absoluta de ella. Sabemos que los extremos no reflejan la realidad, por lo que intentaremos no usar absolutos, sino cuantificadores y puntuarnos en torno al cinco sin alejarnos demasiado.

Pues bien, lo mismo se aplica para conocer a otras personas. Lo haces tomándote a ti mismo como referencia. Sé quiénes son los demás porque me conozco bien, de esta forma sé cuál es mi nivel de generosidad. Y porque conozco la definición puedo situarme en ese continuo. De esta misma manera, puedo situar a mi pareja en ese mismo continuo. Este es el motivo por el que, antes de hacer el análisis de cuál es el perfil, la pareja prefiera trabajar sobre la autoestima personal para tener claros los adjetivos y nuestra puntuación en ellos.

Primero vamos a estudiar los que hemos llamado Adjetivos Madre: aquellos que representan valores o principios como la bondad, la generosidad y el aporte de estabilidad. No poseer los adjetivos correspondientes a estos valores te convierte en una persona no apta para las relaciones. Vamos a analizarlos. ¡Mucha suerte!

> **Generoso/a:** tiene en cuenta las necesidades de los demás y no solo las propias.
> **Bondadoso/a:** intenta evitar el sufrimiento en los demás.
> **Estable en las relaciones:** permanece en las relaciones sin enlazar constantemente una con otra.

Si tú los tienes pero tu pareja no, la relación siempre estará desequilibrada. Te invito a que reevalúes tu decisión de quedarte en esa pareja.

Si tú y tu pareja los tenéis, la relación irá viento en popa. Merece la pena invertir en esa relación. Si ni tú ni tu pareja no los tenéis, no debes preocuparte. Tu relación no irá muy lejos.

Existe un patrón psicológico individual al que llamamos «personalidad». Esta es la manera en que estamos configurados cada uno de nosotros y lo que hace que actuemos de forma consistente, dando la misma respuesta ante la misma situación o conflicto. **Sabemos que la personalidad no cambia después de los diez u once años,** según las conclusiones de la mayoría de los autores en psicología del desarrollo. Lo que quiere decir que, si con doce años eres buena persona, con cincuenta seguirás siéndolo.

Si eres de esas personas que te mantienes en tu relación de pareja a la espera de un cambio, déjame decirte que eso no va a ocurrir. La expectativa de cambio en tu pareja solo va a prolongar tu estancia en una relación que no merece la pena. Debes tener en cuenta esto porque dar más tiempo a tu pareja para que cambie nunca es una buena idea. Con esta espera, pierdes la oportunidad de estar en otra relación donde te traten y atiendan mejor.

En el caso de que ya hayas abandonado o perdido tu relación de pareja recientemente, te conviene hacer este análisis para no repetir los mismos errores en futuras relaciones. En consulta nos encontramos habitualmente con personas que repiten el mismo error, una y otra vez, de volver a elegir a una pareja sin valores o principios.

Después intentan cambiarla sin éxito. Este patrón de relación se perpetúa por la falta de análisis. Tómate todo el tiempo que necesites para entender esto y cambiar tu sistema de elección de pareja. Más adelante volveremos sobre ello.

Sí, es cierto que hay muchos más adjetivos que debes tener en cuenta para saber si tu pareja es compatible contigo. Pero recuerda que estos que nombraremos a continuación son de segundo orden. Adjetivos que tienen un bajo impacto en la vida de los demás y que suponen en cualquier caso un disfrute para sí mismo.

- → **Responsable:** prevé las consecuencias negativas de sus actos, para sí mismo, para los demás, y las evita.
- → **Divertido/a:** posee o disfruta del sentido del humor.
- → **Sincero/a:** consigue sus objetivos diciendo la verdad y sin dañar al otro o a la otra. Queda exceptuada la mentira piadosa.
- → **Ordenado/a:** tiene un sitio para cada cosa, es capaz de encontrar las cosas cuando las necesita.
- → **Coqueto/a:** le gusta sentirte atractivo/a. No confundir con vanidoso/a.
- → **Organizado/a:** tiene control sobre sus tiempos y agenda.
- → **Atractivo/a:** el aspecto físico. Puede resultar primordial para tener sexo, pero no tanto para una relación de fondo. Si valoras este aspecto, es posible que seas una persona superficial y puede tener

un coste personal a largo plazo si desatiendes otras virtudes más importantes.

→ **Aseado/a:** cuida su higiene personal.

→ **Limpio/a:** cuida su entorno evitando así la insalubridad. Aplicable a personas que se cuidan de restos, manchas y olores para con los objetos que les rodean y su propia vestimenta.

→ **Trabajador/a:** no se le caen los anillos por trabajar.

→ **Buenos padres, madres, hijos/as, esposos/as, hermanos/as o amigos/as.** (Compendio de adjetivos madre).

Lo mismo podemos hacer con práctico/a, previsor/a, sintético/a, preciso/a, pasional y original, entre muchos otros adjetivos.

Además de la personalidad, también es posible tener en cuenta el trastorno, que es aquello que provoca sufrimiento a uno mismo o a los demás y cualquier comportamiento que se derive de este sufrimiento. Ya hemos dicho anteriormente que el trastorno no nos define, pero sí debemos tenerlo en cuenta a la hora de evaluar la compatibilidad con una pareja.

En el apartado de trastorno tendremos en cuenta algunas de estas afecciones que nos pueden robar calidad de vida:

→ **La obsesión.** Dificultad para dejar de pensar en algo o abandonar un tema que nos provoca sufrimiento.

→ La **rigidez mental o inflexibilidad**. Si tu pareja tiende a enfadarse, cabrearse, decepcionarse o entristecerse muy a menudo y con intensidad significa que tiene algunas exigencias o «deberías». Si no recuerdas qué son las exigencias, revisa el esquema ABCD en páginas anteriores.

→ La **labilidad emocional**. Es una montaña rusa que tiene como motor el pensamiento extremo o dicotómico.

→ La **depresión**. Ya sea por tristeza o apatía (desmotivación).

→ El **miedo al compromiso**. Este es un trastorno típico de las parejas que acaban de salir de relaciones tóxicas y se han embarcado demasiado pronto en una nueva relación. Generalmente se bloquean cuando aparece cierto nivel de enamoramiento o compromiso y acaban por romper la relación por el miedo a volver a sufrir o a hacer sufrir al otro.

→ **Dependencias y consumo de sustancias.**

→ **Inseguridad personal e indecisión.**

Existen muchos otros trastornos que no citaremos como los recogidos y categorizados en los manuales diagnósticos de salud mental DSM y CIE que los clínicos usamos con regularidad para etiquetar el sufrimiento y entendernos entre nosotros usando un lenguaje común.

Todos estos trastornos son absolutamente solucionables, por eso no debemos preocuparnos si contamos con conciencia de problema y motivación para el cambio en la persona que los sufre. En otro caso será imposible que la relación se mantenga en el tiempo, o si lo hace será a costa del sufrimiento de uno de los dos y siempre estará interferida por el trastorno. Para este punto quizá nos necesites. Por ello contacta con nosotros a través de nuestra web: <www.raullopezlastra.com>.

20

¿Cómo puedo elegir mejor?

Si no tienes pareja actualmente y quieres tomar mejores decisiones que en el pasado, te invito a que reflexiones sobre lo expuesto acerca de los tipos de personalidad que te pueden interesar. Ya conocemos el precio tan alto que podemos llegar a pagar por elegir a una persona que no tiene compatibilidad con nosotros o con las relaciones en general.

Cuando tienes una cita, es una ocasión para averiguar cómo resolvió esa persona en el pasado sus conflictos en pareja. Lo único importante es si lo hizo de manera responsable, generosa y buena. Pero también es cierto que, si tu futura pareja tiene menos de veinticinco años, es posible que no haya tenido relaciones anteriores. En tal caso deberás tomar como referencia sus relaciones familiares y su forma de resolver los conflictos que se le han presentado en ese ámbito.

Recuerda que la personalidad se gesta en el seno familiar. Esto nos dará suficiente información para saber si es una persona buena, generosa y que aporta estabilidad a las relaciones. Con respecto a esta última cualidad, también podemos observarla en las amistades y en las actividades que lleva a cabo. Generalmente, las personas que no aportan estabilidad a las relaciones también son caprichosas e inconstantes con sus trabajos, su ocio y cualquier otra tarea que emprenden. Evaluar el grado en el que tu pareja aporta estabilidad a tu relación, o podría aportarla, es una garantía para ti de cara a un futuro juntos.

No caigas en el mito del príncipe/princesa: «Conmigo va a ser distinto».

Este mito se fundamenta en la creencia de que, como tú eres una persona especial, tu pareja se va a olvidar de quien es y se va a reprogramar para cumplir tus deseos de relación. No digo que no lo desee, pero le va a ser imposible. Una cosa es que quiera cambiar y otra que pueda hacerlo. No va a poder huir de sus patrones de relación adquiridos antes de conocerte. La verdad es que contigo no va a ser distinto.

Evita a las personas pasionales que entran con mucha fuerza en las relaciones pero que las abandonan con la misma fuerza al cabo de pocos meses, repitiendo así anteriores patrones de ruptura. Es decir, evita a esas personas que aportan poca estabilidad a las relaciones. Puestos a elegir, te interesa más la persona que ha sido dejada, no la que ha decidido dejar.

Existen patrones que tienden a repetirse en todas las relaciones. Es un problema que tú no quieras preguntar acerca de sus experiencias pasadas. Si lo haces para mantener el misterio y así poder idealizar a tu pareja, cometes un error. Si lo haces por no querer ver cosas que no te gustan y evitar perder la ilusión, cometes un error. Si lo haces porque piensas que contigo será distinto, cometes un gran error. Que tú no indagues o preguntes acerca de relaciones pasadas, sobre la manera de gestionarlas, no te va a eximir de pagar las consecuencias. Son muchas las personas que han emprendido relaciones a ciegas y han acabado pagando los platos rotos de antiguas relaciones, traumas no resueltos, dependencias familiares actuales que limitan la intimidad y la planificación, personalidades tendentes a la infidelidad, rasgos de impulsividad, entre otros muchos hándicaps que de haberlos conocido no se habrían internado en la senda de una relación condenada.

Enamorarte de la persona inadecuada puede suponer un gran dolor tras la ruptura, de modo que merece la pena preguntar indirectamente cómo resolvió sus conflictos en pareja en el pasado para evitar ese desenlace. Puede que su hermetismo te resulte atractivo, pero piensa que este puede ser la herramienta que le permita colarse en una relación contigo cuando no posee los atributos suficientes. Así que investiga.

21
El detallismo

«Me siento como en una película después de disfrutar tres noches en la Residenza Ducato, un apartamento de ensueño en San Marco. Hemos disfrutado de increíbles restaurantes, del arte, de sus paisajes sumergidos y del mejor sexo. Está claro que Rodrigo ha hecho los deberes al invitarme a este increíble viaje.

»Cuando sobrevolamos el aeropuerto internacional Marco Polo, cerca de Venecia, ya de camino a casa, pienso en todo el trabajo que he dejado por hacer y me organizo mentalmente para ponerme al día, pero la voz del comandante me desconcentra: "Buenos días, señores pasajeros, les habla su comandante, dentro de poco podrán disfrutar de Génova desde su ventanilla derecha. Si el pasaje y la tripulación me lo permiten, me gustaría leerles este texto que un pasajero me ha hecho llegar y que dedica a Beatriz: 'Porque estoy secuestrado, y escucho tu voz, así pienso por un momento que solo estamos los dos. A veces siento que se rompe antes de tocar el suelo...'". A medida que avanza el texto, mi corazón se estremece. Cuando acaba el poema, el resto del pasaje aplaude sumándose al momento romántico.

»Mi corazón se siente dividido porque Rodrigo es muy romántico, muy atento con los demás, diría que un amante del detalle, meticuloso y organizado. Pero también conozco al Rodrigo que no se pone en mi lugar, egoísta, celoso y manipulador, que ya ha dejado la relación tres veces».

Si te lo estás preguntando, te diré que sí, es un caso real de mis consultas.

¿Cómo puede encajar alguien dos piezas del mismo puzle tan distintas para salir de este desasosiego?

Es muy sencillo. El detallismo no es un acto de generosidad con el otro. Es un disfrute narcisista. Resulta especialmente llamativo cuando se va al extremo, ya que en ocasiones parece que quisieran compensar sus faltas, como enviar un ramo de flores tras una infidelidad. En cualquier caso, el regalo provoca un placer por el propio acto de elaborar la ofrenda, y suele tener como protagonista a quien lo ha preparado con el objetivo de encumbrarse.

El verdadero regalo no está en la elaboración del detalle, en el precio del restaurante o en acumular testigos de tu *reel* romántico. El verdadero regalo reside en prestar oídos atentos a tu pareja, en cederle el espacio que necesita, en apoyarla en los momentos de malestar. Darse cuenta de que viene cansada del trabajo y levantarse a prepararle algo de comer o poner un lavavajillas para facilitarle la vida. Todos estos son esfuerzos menos llamativos pero que desvelan la verdadera esencia de alguien responsable, bueno y generoso.

¿Ya sabes lo que tú harías?

22

Es hora de tomar tu decisión

Hemos estado posponiendo la decisión sobre qué hacer con nuestra relación de pareja. Si has seguido los contenidos de este libro, y has reflexionado sobre lo expuesto hasta aquí, ha llegado el momento de hacer un buen balance y tomar la decisión sobre si quieres quedarte o no en tu relación de pareja.

Muchas personas viven en relaciones de pareja sin estar presentes. Con un pie fuera de la relación. En psicología lo conocemos como estar «entre dos aguas», que es la manera más directa de llegar a la infelicidad. De modo que voy a ayudarte a tomar la decisión de apostar por tu relación o apartarte de esa persona que no te conviene.

Quiero hablarte de la pérdida. Piensa que va a llegar un momento en el que harás eso que tanto te gusta por última vez. Harás ese trabajo que te apasiona, probarás esa comida que te encanta, disfrutarás de esas conversaciones, de esos aprendizajes que te ilusionaban por última vez. Es posible que estés quejándote de tener que ir al trabajo o tener que estar con tu pareja actual. Ser consciente de que va a llegar un momento en el que lo harás por última vez te dará cierta perspectiva y hará que te arrepientas de no haber disfrutado más de la conversación, de cada entrenamiento, de cada sobremesa. Tener la conciencia de que la vida es limitada nos lleva a valorar más las cosas que tenemos, aunque sean pocas.

Saber que esta vida es finita te hace replantearte lo accesorias que son las cosas que te rodean. Aunque actualmente creas que aspectos tales como la aprobación o el respeto de los demás, el dinero, el sexo y la justicia son necesarios, no lo son.

Vivir tu vida con más intensidad implica ser consciente de que hay muy pocas cosas que sean importantes o necesarias para ti, más allá de comer, respirar y dormir. No, una relación de pareja o un trabajo tampoco son necesarios. Para ser feliz solo hace falta una buena actitud ante la vida, ante las cosas malas que nos ocurren. Tener un grado de aceptación alto ante las pérdidas y saber elegir en quién quieres invertir, en lugar de invertir en todo el mundo por sistema y como obligación. Dar menos hace que las personas que te rodean te tengan en mejor consideración y además ahorras energías.

Así que vive tu vida como si se gastara, sé consciente de que no existe ninguna cosa importante o necesaria, y, por eso, esfuérzate solamente por las personas que te sumen.

Siempre he bromeado diciendo que si alguna vez me atropella un autobús no quiero que la gente se preocupe, porque he vivido mi vida plenamente. Podría decir eso de «Que me quiten lo bailado».

Antes o después, el campamento se habrá acabado, en el camino habrás perdido amigos, oportunidades, trabajos, socios, capacidades físicas o parejas. Hay cosas que nunca recuperarás. Así que lo único importante ahora es que te preguntes si estás siendo feliz con la vida que tienes, porque estás a tiempo de hacer cambios para que sea más satisfactoria. La vida solo sirve para que durante este tiempo puedas disfrutarla. ¿Tú podrías decir que estás disfrutando de tu vida? ¿Estás haciendo el trabajo que quieres, estás rodeado de las personas que quieres?

No debes aferrarte. Dejar ir las cosas o a las personas que no son para ti te va a ayudar a recuperar el equilibrio. En ocasiones nos asimos con fuerza a personas que no son compatibles con nosotros y esto nos roba toda la energía que podríamos estar utilizando para tareas más saludables. Piensa que, si lo has intentado con fuerza y no está dando resultado, debes dejar de insistir.

Acepto que tengo que morir, no es algo que me cause temor. Mi manera de prepararme es haberle sacado todo el jugo posible a esta vida. Esto es lo único que tiene sentido.

Hagas lo que hagas, yo te voy a apoyar. Recuerda que una relación no es una obligación. Si te quedas en tu relación, procura estar presente o, de lo contrario, retírate. En el siguiente capítulo vamos a descubrir juntos lo que puedes esperar en una ruptura para no quedarte atrapado en ella.

23

Si has sufrido una ruptura

No existe un libro sobre las relaciones de pareja suficientemente razonable que no contemple la ruptura. Es consustancial a toda relación.

Es posible que actualmente te encuentres en una pareja sólida, pero, créeme, la probabilidad de que dure es más bien baja si atendemos a las estadísticas. Esto es especialmente probable si tu edad es inferior a los cincuenta años.

Así que, hayas sufrido una ruptura o no, acompáñame en este recorrido por los temas fundamentales que harán que superes tu ruptura de pareja o te prepares para ella.

Si has sufrido una ruptura, es muy probable que te sientas sensible y angustiado, y que haya muchas imágenes, ideas y emociones activas al mismo tiempo, que se amontonan en tu cabeza haciendo imposible concentrarte en ninguna de ellas. Vamos a separarlas y ordenarlas para que puedas dejar atrás tu sufrimiento que queda en tu corazón durante semanas, meses, o incluso años, después de una ruptura practicando algunos sencillos ejercicios.

Es muy probable que te sientas mal y que creas que no vas a volver a tener relaciones íntimas con nadie. Que creas que no vas a volver a conectar con nadie de nuevo a ese nivel. Quizá ya lo has intentado, te has forzado a tener citas o relaciones sexuales para salir de ese estancamiento y, quizá, no has podido dejar de pensar que «no es él» o que «no es ella». Por esto te has estado sintiendo incómodo y desconectado. Durante estos párrafos realizaremos una parada obligatoria para saber en qué punto del recorrido te encuentras: un test.

Pero antes hablemos sobre el «amor amor».

Aléjate del amor peliculero

Después de la ruptura habrá momentos en los que te vuelves a «enamorar del amor». Esta es una expresión que utilizamos a menudo en consulta cuando perdemos objetividad y el torrente emocional amoroso nos arrastra. En ese momento se cuelan recuerdos de intimidad, juegos, bromas y buenos ratos que tenías con tu expareja. También se cuela la idea de que esos juegos y momentos íntimos va a tenerlos, o ya los está teniendo, con otra persona.

Es necesario que cojas perspectiva y te alejes de los recuerdos aislados para ponerlos en contexto. Como siempre, una visión con perspectiva resulta menos amenazante para tu psicología.

Ten en cuenta que cuando pierdes a tu pareja sueles idealizarla, al igual que lo hacías con la relación que teníais. En este momento, es sano recordar por qué tu pareja se deterioró y en último término se rompió. Si te parece, puedes reservarte algunos minutos para anotar cuáles fueron los motivos.

Por ejemplo, puedes tomar nota de cada una de las causas que te llevaron a la ruptura sea o no tu culpa:

→ Tú o tu pareja teníais problemas con el compromiso.
→ Uno de los dos fue infiel.
→ No invertisteis lo suficiente en el otro.
→ Pudo desaparecer el amor porque os decepcionasteis con el otro.
→ Os limitaron vuestros celos o la dificultad para confiar en el otro.
→ Habíais permitido que la familia se metiera en vuestra relación.
→ Relaciones a distancia.
→ Una convivencia forzosa e inadecuada debido al confinamiento por la COVID-19.
→ Vuestro estilo de vida. En este punto podemos incluir viajes de trabajo, la noche, drogas, juego, maltrato, entre muchos otros.

Es posible que determines que el problema está en ti. Este puede ser un muy buen momento para cambiarlo y no repetirlo en futuras relaciones.

Si quieres tener una idea más exacta de lo que ocurrió, y no tener una visión sesgada de la ruptura, incluye estos fotogramas dentro de un conjunto de fotogramas más amplio que represente la película de lo que realmente fue tu relación de pareja. De esta manera conseguirás tener perspectiva, una estrategia necesaria para abordar cualquier tipo de análisis y decisión sobre cualquier ámbito.

Para ayudarte, puedes usar las herramientas que comentamos en el primer capítulo.

Un test para saber dónde te encuentras

Es el momento de tomarte el pulso y saber si ya has aceptado la pérdida de tu pareja. Contesta este test de cuatro sencillas preguntas:

1. ¿Volverías con él/ella si te lo pidiera? Si dudas, equivale a un sí.
2. ¿Sigues sufriendo cuando ves alguna imagen o recibes alguna información de tu ex?
3. ¿Sientes angustia cuando imaginas a tu expareja teniendo sexo o intimidad con otra persona?
4. ¿Deseas que a tu ex le vaya bien y que reconstruya su vida?

Puedes contestar sí, siempre, no, nunca o en algunas ocasiones. Si la respuesta en más de dos preguntas es afirmativa, significa que todavía tienes que esforzarte por superar tu ruptura de pareja.

Si te cuesta contestar a estas preguntas porque todavía tienes dudas, puedes hacer exposiciones programadas para saber en qué punto de la ruptura te encuentras. Puedes hacer esta exposición abriendo algún audio o foto, escuchando una de vuestras canciones, así tendrás una idea más exacta de lo que te queda por recorrer en este duelo.

Ahora sigue con los poros muy abiertos porque dentro de ti están cambiando muchas cosas con cada párrafo que interiorizas. Llegados a este punto creo que es necesario que hablemos del enamoramiento.

El enamoramiento

Si has estado enamorado, sabes que lo que caracteriza a este estado es la intensidad con la que vives cada momento. Las palabras, los actos, los olores o incluso los sabores son más pronunciados. Todos los sentidos y emociones están a flor de piel.

El ser humano está programado genéticamente para reproducirse. Pues bien, el enamoramiento cumple con un papel crucial para el cuidado de la descendencia. El objetivo del enamoramiento es que permanezcas atento al cuidado de tu pareja y su descendencia.

En tiempos pasados, cuando los ambientes eran más peligrosos, el cuidado y la protección lo eran todo para la supervivencia de la pareja y su progenie. Es probable que, en la actualidad, el enamoramiento no tenga una función concreta, pero seguimos programados para experimentarlo de la misma manera que seguimos programados para huir de serpientes de colores vivos, para temer la caída al vacío o para huir de la enfermedad de otros. Miles de años de programación se han ido añadiendo a nuestro código genético.

Si a esto le unimos la programación cultural, tenemos todos los ingredientes para sufrir de amores. La programación cultural tiene que ver con lo que escuchamos y vemos acerca de las relaciones de pareja, lo que has visto en tu familia de origen y tu círculo más próximo, además de las comedias románticas cinematográficas, de las que me declaro abierto fan.

Psicológicamente, el enamoramiento es el resultado de tener en alto concepto a una persona. La idealización es el proceso a través del cual encumbramos a alguien. En ocasiones tenemos en alto concepto a nuestra pareja a pesar de que no sea poseedora de las virtudes que le atribuimos. Puede darse en el caso de que nos sostengamos en pareja con personas que no nos gustan por nuestra ceguera emocional. Cuando estamos enamorados de forma obsesiva no vemos fallos en nuestra pareja.

Pues bien, cuando te expulsan de una relación este mecanismo de idealización se potencia aún más. Sigues idealizando a tu pareja después de que haya roto contigo.

Solemos idealizar a las personas que no están entre nosotros por el hecho de que su tiempo con nosotros terminó. El enamoramiento se hace mucho más fuerte y nos deja inadaptados, todavía más, a nuestro día a día. Ya estoy acostumbrado a verlo en consulta y no me sorprende, pero tengo que reconocer mi estupefacción cuando hace veinte años lo vi por primera vez. No podía dejar de repetirme esta pregunta: ¿Por qué una bellísima persona iba a seguir enamorada de alguien que ha traicionado su confianza, engañándola con su mejor amigo/a y dejándola sin dar explicaciones?

La respuesta no es sencilla, pero desde luego hay una explicación clara. Es más fácil idealizar a alguien cuando no está, puesto que tu enamoramiento pone el foco de tu atención selectivamente sobre sus cualidades positivas. Tus recuerdos sobre esa persona se centran en lo especial, encantadora, divertida, espontánea, guapa o inteligente que era, y no en sus otros defectos que la llevaron a hacerte sufrir y, en último término, a dejarte. Si la relación de pareja se ha terminado contra tu voluntad es porque alguien ha decidido no apostar por ti. Que alguien no quiera invertir en ti es motivo suficiente para que esa persona, a la que aún estás idealizando, no merezca tu atención ni tus lágrimas.

Supera tu abstinencia

Suelo comparar las rupturas con un síndrome de abstinencia. Es posible que incluso echemos de menos la intensidad de las rupturas. Sí, sé que parece irracional.

Buscamos de nuevo a nuestra pareja tóxica, que nos dejó, aunque después de ese chute vayamos a pasar varios días sufriendo la resaca emocional de ese acercamiento.

Todo con tal de recibir una nueva descarga de adrenalina porque, en el fondo, nos hemos hecho adictos a la intensidad. Es posible que esta dependencia te esté pasando factura. Pero ¿por qué te has hecho tan dependiente de tu expareja? Porque hay aspectos en tu psicología que no están ordenados: elementos como una autoestima deficiente, que se encuentra supeditada a tu expareja, o también la falsa creencia de que para enfrentarte al mundo o tomar decisiones necesitas la ayuda de alguien, entre muchos otros.

A continuación vamos a repasar varios puntos que te ayudarán a desintoxicarte de tu expareja. Esta tiene derecho a decidir libremente si quiere mantener la relación, pero si tú sigues en el estado de enamoramiento, la constatación de que no quiera estar contigo es lo peor que te puede pasar. Lo más importante para salir de esta abstinencia amorosa es el contacto cero. Veo a menudo en mis pacientes recaídas emocionales después de retomar el contacto con su ex.

El golpe emocional suele durar tres o cuatro días. Ese puñetazo en la boca del estómago que supone volver a ver a tu expareja dispara en ti emociones que ya se estaban apagando. El enamoramiento, la nostalgia, la ansiedad, la obsesión por tu ex o la tristeza conforman el cóctel típico de los reencuentros prematuros antes de que se haya completado la elaboración del duelo. Así que debes intentar no contactar, por ningún medio, con tu expareja si quieres completar el duelo.

La curiosidad, que te lleva por ejemplo a visitar sus redes sociales, también puede ser una manera de romper el contacto cero. Cualquier noticia o imagen de tu ex va a desestabilizarte, puesto que todavía no estás fuerte como para abandonar este aislamiento voluntario al que es interesante que te sometas. Ten paciencia y no contactes para que se pueda desactivar.

1. **Saca a tu expareja de tus conversaciones.** Cuando charlas con alguien sobre tu expareja, mantienes activo el trauma por la ruptura. Si ya estás teniendo citas con alguien, es posible que en tus conversaciones se cuelen vuestros ex, en lugar de disfrutar de lo que está ocurriendo en el presente con esa nueva pareja. Abandona este contenido, porque su lugar es el pasado, y tú debes ubicarte en la actualidad. El cambio se produce en el presente. Esta es la única manera de llegar a un futuro saludable para ti. Además, la lectura de este libro te ayudará a cortar esos lazos emocionales que te unen a tu expareja.

2. **La ruptura de pareja es el peor escenario emocional en que te puedes encontrar.** Sin ninguna duda, es uno de los peores traumas psicológicos que podemos sufrir. Por ello, debes proteger tu psicología. En este momento resulta crucial que te permitas sufrir. Una vez que te vinculas emocionalmente con una persona, aunque sepas que es tóxica y que te resta más de lo que te suma, seguirás en estado de enamoramiento y sufrirás por esa pérdida. Este sufrimiento es necesario para que se pueda elaborar el duelo por la ruptura. Si te parece, lo desarrollamos a continuación.

Permítete sufrir en este momento

No es fácil, pero te voy a ayudar. Coge un bolígrafo y un papel. Pon tu folio de forma apaisada y divídelo en dos partes con una raya vertical. En el lado izquierdo, en la parte superior, escribe: «Objetivos emocionales».

De momento vamos a dejar el lado derecho en blanco. A continuación escribe cuáles son tus objetivos emocionales. No nos sirven objetivos relacionales, como volver con mi ex o mejorar mi relación con mi ex. Tampoco nos sirven objetivos conductuales, como ir al gimnasio o perder peso. Ahora solo queremos objetivos emocionales. Haz una lista tan extensa como sea necesaria. Resultaría algo similar a la propuesta que te ofrezco a continuación.

Objetivos emocionales

→ Dejar de pensar en mi expareja.
→ No tener ansiedad.
→ Encontrarme mejor.
→ No sufrir tanto.
→ No sentir esta tristeza.
→ Ser feliz.
→ Poder concentrarme.
→ Dejar de recordar.
→ No sentir este bloqueo.
→ Volver a ser yo.
→ Recuperar mi sentido del humor.

→ Recuperar mi memoria y concentración.

→ No sentir esta apatía y desmotivación.

Lista de objetivos emocionales

Marca las casillas SI tienes este objetivo.

☐ No tener ansiedad.

☐ No depender emocionalmente.

☐ No estar bloqueado.

☐ No tener duda.

☐ No estar triste o deprimido.

☐ No sentirme inseguro.

☐ Estar tranquilo.

☐ No pensar en mi ex.

☐ No tener miedo al compromiso.

☐ Concentrarme.

☐ No estar apático.

☐ Sentirme feliz.

¿Qué otros objetivos emocionales tienes?
Escribe en el recuadro:

```

```

Ahora te voy a enseñar a bloquear tus exigencias u objetivos emocionales. Quiero que seas consciente de que, cuando te exiges estar bien y no lo consigues, lo que recibes es mayor frustración.

Sufres, no te lo permites y sufres más. De nuevo tu sufrimiento vuelve a generar mayor sufrimiento. A esto lo denominamos en psicología «frustración por la frustración», o FXF. Tu frustración provoca mayor frustración. Y la única manera de cortar ese círculo vicioso de sufrimiento es permitiéndote sufrir.

Imagina que estás en una habitación que representa tu trastorno. La única manera de salir de esa estancia del malestar es a través de una única puerta: la aceptación. La aceptación de tu trastorno o sufrimiento te permitirá recuperarte. Cualquier persona que te conoce y te quiere te dará el mismo consejo: «Ánimo, tienes que esforzarte por estar bien». Lo hacen porque te quieren. Y es un consejo muy valioso cuando tienes un ligero malestar. Pero no es aplicable a una lesión emocional o a un shock intenso tras la ruptura.

El consejo adecuado es: «Tienes que sufrir porque es lo que toca ahora. En la duración e intensidad que toque». No se puede pedir a una persona que está bloqueada emocionalmente que deje de sufrir. Sería tan peligroso como pedirle a una persona histérica que se tranquilice. En este momento necesitas sufrir. Es lo que exige tu duelo por la ruptura.

El duelo es un proceso de elaboración psicológico que se acompaña de sufrimiento donde se reconfigura tu psicología, lo que resulta necesario para que puedas llegar de nuevo al equilibrio. Este proceso puede prolongarse du-

SI HAS SUFRIDO UNA RUPTURA

rante meses o años si no te permites sufrir. En consulta nos encontramos a personas que no han resuelto su ruptura después de muchos años porque cortaron el duelo, distrayéndose de su sufrimiento, con fármacos, trabajo o cualquier otra distracción. Si quieres recuperarte rápidamente, volver a estar feliz y disponible emocionalmente para una nueva pareja, sigue haciendo este ejercicio conmigo.

Volvamos a la primera frase que registraste en la columna de la derecha: «Dejar de pensar en mi expareja», y le damos la vuelta. Así obtendremos la siguiente frase: «Seguir pensando en mi expareja». Al principio tenías esto:

Objetivos emocionales	
- Dejar de pensar en mi expareja.	
- No tener ansiedad.	
- ...	

Y ahora le damos la vuelta:

Objetivos emocionales	Les damos la vuelta
- Dejar de pensar en mi expareja.	- Seguir pensando en mi expareja.
- No tener ansiedad.	- Tener ansiedad.
- ...	- ...

Seguro que este ejercicio te está desconcertando. Si es así, estamos en el buen camino. Piensa que hasta ahora tu objetivo era dejar de sufrir y yo te estoy pidiendo que sufras. No vamos a amplificar artificialmente tus síntomas, pero nos los vamos a permitir. De este modo, se harán más suaves en todos sus parámetros.

La columna de la izquierda representa la Baja Tolerancia al Sufrimiento (BTS). Este es el motor de tu bloqueo actual. Resulta normal cuando sufres con intensidad y no te lo permites.

En la columna de la derecha, colocamos en su parte superior la Alta Tolerancia al Sufrimiento (ATS), es decir, la capacidad para aceptar el sufrimiento.

Cuando pregunto qué es la debilidad, muchas personas me contestan que es sufrir. **Solemos asociar debilidad a sufrimiento. Pues bien, no es en absoluto así.** Lo que popularmente se entiende por *fuerte* suele asociarse erróneamente a la persona que no sufre, a la que no le afectan las cosas. Al contrario, la persona fuerte es aquella que se permite sufrir.

Después de estos apuntes, seguimos completando nuestro cuadro (página siguiente):

No te estoy pidiendo que seas infeliz para siempre. Solo durante algunas semanas. Sé que ahora mismo otra semana de sufrimiento te parecerá mucho. Ten en cuenta que tu sufrimiento es temporal, desde ahora mismo vas a permitirte sufrir, y cuando lo hagas notarás que tu sufrimiento se alivia. Sentirás más ligereza, porque ahora ya no tienes la exigencia de no sufrir, que era lo que estaba multiplicando tu sufrimiento.

Si quieres superar a tu expareja necesitas permitirte sufrir en el ahora. Recuerda que esto lo haces para poder estar bien a medio plazo, y para eso queda muy poquito.

Objetivos emocionales	Les damos la vuelta
-Dejar de pensar en mi expareja.	-Seguir pensando en mi expareja.
-No tener ansiedad.	-Tener ansiedad.
-Encontrarme mejor.	-Encontrarme mal.
-No sufrir tanto.	-Sufrir lo que toque.
-No sentir esta tristeza.	-Sentir tristeza.
-Ser feliz.	-No ser feliz por el momento.
-Poder concentrarme.	-No concentrarme.
-Dejar de recordar.	-Permitirme recordar.
-No sentir este bloqueo.	-Sentirme bloqueado.
-Volver a ser yo.	-No ser yo.
-Recuperar mi sentido del humor.	-No tener sentido del humor.
-Recuperar mi memoria concentración	-Tener problemas de memoria y concentración.
-No sentir esta apatía o desmotivación.	-Sentirme apático o desmotivado.

Para poder entender y profundizar más en tu tolerancia al sufrimiento, vamos a aplicarlo a nuestro esquema ABCD, ya expuesto en este libro. La situación, en este caso, sería un escenario interno que también podemos observar: nuestro propio sufrimiento. El resto del esquema es idéntico.

Este esquema es una retroalimentación entre frustración y frustración que tiene como motor la exigencia de no sufrir. Lo cierto es que, en muchas personas, el motivo inicial de sufrimiento ya ha desaparecido, pero el paciente sigue sufriendo, solo por la exigencia de no sufrir. Por lo tanto, esta exigencia es un factor de incubación y mantenimiento de trastorno que puede explicar en ocasiones el 70 por ciento del cuadro.

«No debería sufrir». Sufro más

En este proceso se va llenando esta pila de frustración. La pila es una representación del sistema nervioso: cuando está muy sobrecargada, produce un mal funcionamiento. Si queremos cortar este círculo vicioso de malestar, necesitamos cuestionar la exigencia de no sufrir.

Debes sufrir y también hacer sufrir a otros. El daño es necesario para el buen funcionamiento de las relaciones. Que te permitas dañar y recibir daño de otros es terapéutico. Con esto completamos el argumento de que las personas debemos sufrir.

Debes sufrir, incluso cuando no comprendas el motivo de por qué estás sufriendo. Lo que significa que no tienes por qué comprender tu dolor psicológico para poder aceptarlo.

La aceptación es un proceso que no siempre va de la mano de la comprensión intelectual. Yo mismo, a pesar de ser psicólogo, me doy permiso para sufrir, aun cuando no comprendo lo que me está pasando. Con ello, gano tiempo para que se perfile el sufrimiento y las relaciones entre causas psicológicas de mi sufrimiento. No necesito poner mi psicología en orden constantemente. Convivo con el problema hasta que está tan definido que resulta sencillo cambiarlo. En ocasiones, el hecho de permitirte el trastorno lo amortigua y lo hace desaparecer.

Aplicando el símil de un vehículo, digamos que hemos estado construyendo un coche. Ya hemos trabajado en el chasis, que le va a dar estabilidad, especialmente cuando cojamos una curva. El chasis del coche es enormemente importante: la autoestima. Será el cimiento sobre el que luego vamos a edificar. Pues bien, la tolerancia al sufrimiento son las suspensiones de este vehículo. Es lo que te va a permitir entrar en esa curva, pasar por encima de un obstáculo y absorberlo sin perder el control del vehículo, o recuperarlo si ya lo has perdido.

En adelante trabajaremos para orientar bien la dirección del coche con herramientas que te van a permitir moverte con tu nueva y funcional estructura por el mapa de las relaciones de pareja y reconstruir con nuevas relaciones después de la ruptura. Pero antes sigamos hablando de la plataforma de este flamante coche que eres tú: tu autoestima.

Vuelve a ser tú

Ha llegado el momento de enfrentarte a la idea de quién eres. ¿Eres tan especial como pensaba tu expareja, o realmente te tenía idealizado y cuando se dio cuenta de que eras una persona algo decepcionante te dejó? Pero incluso aunque fueras tú el que ha dejado la relación, tu ex te va a olvidar. Sí, sé que es decepcionante, pero también me veo en la obligación de decírtelo.

También olvidará la idea que tenía de ti. Por lo tanto, dejarás de existir en su cabeza. Y es que, cuando pierdes a tu pareja, también pierdes parte de esa identidad que se construyó sobre ti dentro de su cabeza. Se dice que, cuando pierdes a seres queridos, una parte de ti muere con ellos. Y es por eso por lo que, al principio, experimentamos una sensación de vacío intenso muy desagradable, pero será pasajera.

La primera vez que yo experimenté esta sensación fue cuando un gran amigo de mi infancia desapareció de mi vida. Él había asistido, desde que yo tenía nueve años, a todos mis momentos. No deja de sorprenderme que un muy buen amigo pudiera llegar a conocerme casi tanto como yo me conozco. Su ausencia fue tan triste como desestructurante para mí. Fue de este modo porque junto a él se perdió también parte de mi identidad. Se suele decir que cuando morimos únicamente existimos en la cabeza de los demás. Es sorprendente el desgarro emocional que puede tener una ruptura en nuestro concepto personal.

Debido a que, durante o después de la ruptura, tu pareja te puede haber devaluado, sería sencillo que cayeras en una lucha de poder simbólica, en una competición por demostrar quién tiene más valor: «ser más que el otro». Generalmente esto lo hacemos publicando en nuestro Instagram o en otras de nuestras redes sociales a modo de competición. Intentando transmitir a tu ex que tu estilo de vida y tu estado de ánimo son increíbles y, por supuesto, mejores que los suyos. Si te ves subiendo una story a Instagram con la mayor de las sonrisas posibles bajo el texto «no hay nada mejor que disfrutar de uno mismo» pero dentro de ti solo hay tristeza y desconsuelo, no te estás haciendo ningún favor, todo lo contrario. Mientes a los demás y sobre todo te mientes a ti mismo.

Deja de hacerlo y asegúrate de que te estás centrando en ti. Tú no eres por comparación a tu ex, eres en función de muchas otras personas con las que también te has relacionado y también te puedes comparar. Habrás superado esta fase de dolor y comparación cuando te focalices únicamente en ti y desees que a tu ex le vaya bien, aunque ya no esté en tu vida.

Seguro que te costará un poco volver a poner el foco en ti, pero en cuanto des este paso te sentirás más fuerte en tu estructura psicológica, con una identidad sin fisuras. Para ello tendrás que dejar atrás a las personas que ya no ocupan tu vida, lo que hará que experimentes armonía y una gran serenidad.

Despréndete

Cuando construimos una relación, tendemos a convertir al otro en un objeto o posesión, como si se tratara de una raqueta de pádel o un libro. Con ello creamos la confianza que necesitamos para erigir expectativas de relación en el futuro. Pensamos que va a funcionar porque depende de nosotros: «Yo controlo lo que pasa en mi pareja». A esto lo llamamos «ilusión de control». Pedimos la exclusividad sexual porque nos ayuda a tener esta falsa ilusión de control, como si la otra persona fuera un objeto. Desgraciadamente no es así. Renuncia ahora mismo a la idea de que tu ex es tuyo. Tu ex no tiene dueño, no es algo que puedas poseer o controlar a voluntad.

Despréndete también de quienes lo rodean, como sus amigos, familiares o mascotas. Recuerda que antes de conocer a esa persona tú ya eras feliz. Te habrás desprendido de tu expareja cuando no sientas desagrado ni celos al imaginártela en intimidad con otra persona. Para que puedas conseguirlo te hago la siguiente propuesta.

Ejercicios

• Despídete por última vez de tu expareja e incluso de sus familiares. Puedes incluso redactar una carta. He asistido innumerables veces a la lectura de estas cartas de despedida de mis pacientes y todavía me emociono, me sigue pareciendo precioso. Recuerda que no es una carta de reproche, es de despedida, así que debe acabar con un adiós para siempre. Si lo intentas, comprobarás que el proceso de escritura para desprenderte es bastante duro. Resultaría lógico que lloraras y que tuvieras síntomas de ansiedad.

• Renuncia a comprender intelectualmente por qué tu expareja tomó esas decisiones o actuó de esa manera. Debes frenar ese por qué obsesivo que atormenta tu cabeza. No necesitas comprender para aceptar.

• Después de eso, evita el contacto. Te aconsejo que dejes de publicar en tus redes sociales y de visitar las suyas. El contacto cero es necesario. Es realmente importante hacerlo si puedes, salvo que haya hijos o un trabajo de por medio. En este tiempo vas a centrarte en las cosas que te propongo en este libro y seguir creciendo.

No creas en las lágrimas

No sería un libro completo que te pueda ayudar en la ruptura si no hablamos sobre las lágrimas. Tu pareja te puede estar pidiendo que os deis un tiempo, puede estar rompiendo definitivamente contigo, o quizá te está pidiendo que seáis solo amigos con lágrimas en los ojos. Debido a esas lágrimas puedes pensar que su intención de dejarte es poco creíble porque realmente te ama, y que, por eso, volverá contigo. Debido a esa ambivalencia, te pones a esperar su regreso, quedando así en una especie de pausa o limbo emocional en el que resulta imposible avanzar.

Es usual escuchar que las exparejas lloran cuando te están dejando. Te dejan, pero sus actos son ambivalentes. Aquí podemos ver una clara contradicción entre las lágrimas y el acto de alejarse de ti. Para conseguir resolver estas dudas, y avanzar hacia el sosiego y el bienestar, te invito a que te pongas en su lugar cuando tú has dejado a alguien. No sé si tu catálogo de exparejas es amplio, pero recordarlo te puede ayudar a entender esta contradicción de ser expulsado de la relación por alguien que llora la pérdida.

Si alguna vez has dejado a tu pareja porque no querías seguir, puedes recordar que también lloraste, pero esas lágrimas no eran de amor, eran de culpa y pena por el recuerdo de vuestro pasado y por el futuro que no tendríais. Pero eso no cambia el hecho de que quisieras dejarlo.

Las lágrimas no tienen un significado y para ello vamos a volver a encender nuestro traductor: «No quiere, o no puede estar conmigo», a pesar de que sienta pena o culpa. Esto nos lleva a la reflexión de que solo los actos (y no las lágrimas) son de amor. Las lágrimas solo son una solución de sal y agua en un 98 por ciento y desde luego no son la expresión de su amor por ti, por lo tanto no deben crear en ti la expectativa de que la persona que te rechaza tiene dudas.

Si no has dejado a alguien, a lo mejor sí has dejado un trabajo. Y quizá en ese último día hayas mirado a tus compañeros, con los que no querías estar, y esa oficina, en la que no querías estar, y te has emocionado. Lo mismo pasa con un lugar de vacaciones. Te da pena abandonarlo, pero no alargarías más esas vacaciones aunque pudieras, porque ya te has aburrido. Igualmente puedes emocionarte y sentir nostalgia al abandonarlo.

Llorar es el acto natural cuando te alejas y sabes que vas a ver algo por última vez, aunque no desees estar allí. En ocasiones dejamos a personas a las que amamos porque no son convenientes para nosotros. La triste realidad es que no siempre te quedas con la persona a la que amas. O, dicho de otro modo: el amor no siempre es garantía de relación. Este puede ser un buen momento para ver *Los puentes de Madison* o cualquier otra película en la que el amor no triunfa, ya que en mayor porcentaje lo hace la sensatez.

Recaída por canción

Estás tomando algo, suena una canción y no puedes evitar prestar atención a la letra. Parece que esté hablando de ti, de vosotros. Te revuelve emocionalmente. Esto pasa sobre todo con esas canciones que escuchabais juntos y que sonaron durante vuestra ruptura. Se puede decir que quedaron marcadas emocionalmente. Cuando escuchas de nuevo esa canción es como si olvidaras todo lo que has aprendido en este libro y de nuevo te ves flotando.

Te está arrastrando el amor amor. Y lo peor es que, en ese momento, puedes romper el contacto cero. Es habitual que, aunque tu expareja te esté dejando, te siga enviando alguna de *vuestras* canciones. Vuelve a ser vital que uses el traductor. Tu expareja, la misma que te está dejando, te está enviando un mensaje que debes traducir: «No quiere estar contigo..., solo dentro de tu cabeza».

Las canciones no son verdades absolutas, son solo expresiones artísticas. Frases que pueden ser verdad o no. No te van a aportar ninguna lucidez. Solo van a multiplicar tus emociones y a hacerte perder objetividad.

Te recomendaría esperar un par de meses antes de volver a escuchar *vuestras* canciones, hasta que tengas la madurez psicológica suficiente para poder interpretarlas con tu nueva y mejorada psicología.

Vuelve a confiar en los demás

Después de una ruptura suele quedar un poso de miedo al compromiso. Definimos el miedo al compromiso como la evitación de cualquier intimidad que te lleva a sufrir o a hacer sufrir a los demás. Tener miedo es natural después de una ruptura, pero evitar activamente las relaciones constituye un trastorno. A veces la línea entre la normalidad y el trastorno está poco definida, especialmente cuando ha pasado tiempo desde la ruptura.

Que haya fallado tu anterior pareja no significa que la próxima también lo haga. Si has sido capaz de reflexionar sobre lo propuesto, quiere decir que ahora estás más preparado que nunca para enfrentarte a la difícil tarea de confiar en una nueva pareja. Te resultará más sencillo arriesgarte a sufrir de nuevo o a hacer sufrir a otros.

Es muy importante que recuerdes que tú no puedes cambiar a nadie para que sea como a ti te gusta. Intentarlo puede haberte traído un enorme desgaste y decepción. Recuerda también que tu pesimismo actual no es un reflejo de la realidad, puesto que existen muchas personas que desean estar en pareja y que se ajustan perfectamente a tu perfil. No obstante, el objetivo no es que entres en una nueva relación, sino que estés disponible emocionalmente si llega el caso. La soltería es una opción, tan deseable como cualquier otra, y puede hacerte igualmente feliz.

Si llega el caso en el que conoces a alguien, esta vez puedes controlar tu enamoramiento. Para enamorarte de la persona adecuada solo tienes que evitar precipitarte a la hora de crear expectativas porque todavía no tienes toda la información que necesitas. También puedes controlar tu enamoramiento si no te precipitas idealizándolo, antes de tener más datos sobre tu actual pareja. No tienes por qué sufrir si esta vez, antes de enamorarte, te aseguras de que tu nueva pareja es compatible contigo. Me refiero a algo más de compatibilidad que el simple enamoramiento o química sexual. Merece la pena profundizar en cuál es el perfil que te interesa para una relación de pareja.

En qué tengo que fijarme esta vez

En esta ocasión podemos hacer las cosas mejor. Es cierto que nadie te va a garantizar la permanencia en una relación como si se tratase de un servicio de telefonía. Pero es cierto que, si eliges mejor, tendrás más posibilidades, no una garantía absoluta, de que tu pareja se prolongue en el tiempo. Y mucho más importante que la duración en sí: que además te aporte mayor satisfacción personal, en ese poco o mucho tiempo de relación.

Debes fijarte en dos aspectos: la personalidad y el trastorno. Ya hemos hablado de ambos aspectos en el apartado de autoestima. Ambos coexisten en ti, pero no son lo mismo. Es cierto que el trastorno no es la esencia de tu pareja; sin embargo, puede provocar interferencias en el curso de la relación. Adicciones, inseguridades, baja autoestima, baja asertividad, rigidez psicológica o exigencias, entre muchos otros trastornos, pueden hacer realmente áspera la convivencia y desgastarla hasta el agotamiento. Si hay trastorno, debemos observar si existe en nuestra pareja conciencia de trastorno y motivación para el cambio. De no ser así, la pareja estará herida de muerte.

Si solo atendemos a la personalidad de nuestra pareja es mucho más sencillo. En este caso nos vamos a fijar en dos aspectos nucleares que hacen que las personas valgan más. Nos basaremos en los principios de bondad y generosidad. Y un tercer aspecto, que evitará que seas un capricho más en el camino hacia otro objetivo: el aporte de estabilidad. Atendamos por lo tanto a estos tres aspectos:

→ Bondad
→ Generosidad
→ Aporte de estabilidad en las relaciones

Debes superar la química del principio para atisbar estos aspectos que pueden convertir tu relación en un paraíso o, por el contrario, en un campo de batalla. También debes preguntarte si tú también los aportas. En otro caso, puede que no seas una persona apta para las relaciones.

Otro de los elementos que debemos tener en cuenta es la fidelidad. Si se ha producido una infidelidad puntual o existe un perfil tendente a la infidelidad, puede pasarle factura a tu relación. Por ello, este tema requiere un enfoque más detallado, que abordamos en la siguiente parte.

PARTE III
Construye

Si queremos construir o crear relaciones más saludables, tenemos que entender por qué nos relacionamos actualmente con nuestras parejas o exparejas de la forma en que lo hacemos.

Nuestras relaciones de pareja necesariamente están influidas por la manera en que nuestros padres se relacionaban con nosotros. Para tener una absoluta comprensión de por qué nos sentimos atraídos por un determinado tipo de persona y por una manera de relacionarnos debemos hacer una visita a nuestra infancia. Tengo que recomendarte que hagas esta parada necesaria para aumentar tu comprensión sobre el adulto en que te has convertido. El texto que leerás a continuación te hará evocar recuerdos e imágenes que pueden llegar a removerte, pero son necesarios para modificar esos patrones de relación actuales.

Para empezar, debes saber que todos nosotros cuando somos niños necesitamos vincularnos sin fisuras a nuestros padres. La base de una psicología sana es un apego seguro entre el niño y sus padres. Durante la infancia, nuestros padres deben ser para nosotros un modelo sin tacha para que se pueda producir dicha vinculación. Si no es así, eliminaremos de nuestra mente cualquier dato disonante que pueda entrar en conflicto con la figura de un progenitor ideal, de forma que podamos apegarnos a él.

Tanto es así que en ocasiones, para poder encajar todas las piezas y mantener impoluta la idea de un progenitor seguro, es necesario que asumamos tóxicamente la responsabilidad del maltrato infantil recibido como algo merecido. Los psicólogos llamamos a esto «invertir el locus de control externo por uno interno».

El problema es que no somos capaces de cuestionar a nuestros padres porque los niños no pueden sobrevivir sin la estructura familiar. Es muy probable que en nuestra adultez sigamos sin tomar conciencia de las manipulaciones, abusos, indiferencia y abandono que probablemente se siguen produciendo. A continuación analizamos los motivos.

Socialmente, la familia es una institución sagrada que goza de un estatus inviolable. El grupo reacciona de forma agresiva cuando atacamos o cuestionamos la conducta de unos padres manipuladores, ausentes, desatentos, indiferentes, fríos o simplemente malvados.

Como individuos institucionalizados que somos, experimentaríamos culpa al ser críticos con nuestros padres. La capacidad de crítica se ve comprometida cuando se trata de un ser querido. Es probable que la sola lectura de estas afirmaciones ya nos esté resultando incómoda, aunque eso resulta perfectamente normal.

Otro de los motivos por los que no podemos cuestionar el comportamiento de nuestros padres es porque en nuestra cabeza de niños o adolescentes, e incluso en la de ese futuro adulto ingenuo en que nos hemos convertido, se experimentaría un choque entre la figura idealizada de unos padres atentos y afectuosos y la cruda realidad de unos padres ausentes, castigadores, desatentos y manipuladores. Este conflicto entre ambos extremos produce en nosotros una desazón emocional que los psicólogos llamamos «disonancia cognitiva».

Debemos tener en cuenta que el progenitor tóxico es un gran experto en marketing y marca personal. Se proyecta en público como alguien atento, protector, generoso, bondadoso, responsable, para compensar sus constantes abusos y manipulaciones. Al ser nosotros niños sin criterio ninguno, es muy difícil que desnudemos o tomemos conciencia de toda esta ingeniería social. Estos suelen ser las madres o los padres que más se quejan en los colegios y los que más ruido hacen en cualquier situación donde haya testigos alardeando de la exagerada preocupación por sus hijos. Es frecuente observar que los padres que no se ocupan se preocupan. En educación se les llaman los padres helicóptero a los padres que quieren controlar cómo se relacionan los educadores con sus hijos porque desconfían y creen que nadie lo va a hacer mejor que ellos, cuando en realidad son el verdadero motivo de las inseguridades, dependencias, baja tolerancia a la frustración y trastornos psicológicos de sus propios hijos.

En el extremo de este tipo madres trastornadas encontramos el trastorno facticio impuesto a otros donde podemos observar cómo enferman a sus hijos automedicándolos y victimizándolos para obtener los beneficios de madre abnegada y entregada a los problemas físicos de sus hijos. Es más habitual en las madres que tienen acceso a medicamentos como las visitadoras médicas, enfermeras o sanitarias en·general.

Para nuestros hermanos es más cómodo alinearse y culparnos cuando las cosas van mal que oponerse a unos padres tóxicos. Convertirnos en depositarios de todas las culpas para poder desresponsabilizarse resulta menos agresivo para la propia psicología familiar. Es más fácil comprar la idea de que tu hermano pequeño o tu hijo es el responsable de que las cosas no salgan bien en lugar de ser objetivo con uno mismo. Son muchos los instrumentos tóxicos que nuestra familia puede utilizar para victimizarnos o convertirnos en niños enfermos.

Algunos de estos instrumentos son el pensamiento extremo, la generalización o etiqueta, la observación selectiva o visión de túnel, y la adivinación de intenciones o pensamientos, entre otros. Y la guinda del pastel que supone la artillería pesada: ataque en grupo de toda la familia a la vez como un frente común contra nosotros, niños indefensos.

Esta agresión desprovista de testigos elimina cualquier posibilidad en nosotros de ser asertivos y restaura inmediatamente el equilibrio tóxico que la familia necesita para seguir abusando sin asumir responsabilidad ninguna por ese maltrato infantil.

Para nosotros, cuando somos niños, es muy difícil ver con claridad la toxicidad de las actuaciones de nuestros padres, ya que la mayor parte de ellas no son traumáticas, sino que constituyen un goteo constante de agresiones sutiles que como conjunto acaban por superar nuestro umbral crítico de sufrimiento. Estas veladas actuaciones recortan poco a poco nuestra psicología infantil y la hacen más permeable a futuros abusos y sometimientos. El verdadero objeto de toda agresión familiar es siempre mantener el control relacional sobre nosotros.

Si de niños hemos estado sometidos a castigos, comparaciones y abusos, ya no confiamos en nosotros mismos. El comportamiento tóxico familiar nos inunda de vergüenza y culpa, y estas nos impiden reflexionar y llegar a conclusiones. De modo que es preciso olvidar y enterrar esos recuerdos en lo más profundo de nuestra mente adoptando así una hipoteca emocional.

A continuación contestaremos a algunas preguntas de enorme interés para comprender mejor nuestros patrones de relación actuales y su vínculo con nuestras relaciones originales.

24

¿Por qué no recuerdo el trato que me daban mis padres cuando era pequeño?

Enseguida entenderemos por qué, pero antes debes saber que esa necesidad de enlazarnos a través de bluetooth relacional viene en nosotros modelada a través de miles de años de programación cerebral. Como niños desprotegidos, necesitamos apegarnos a nuestros padres como estrategia de supervivencia.

Además, esta vinculación nos facilitará desarrollar una psicología sana que nos permita confiar y relacionarnos adecuadamente con nuestros iguales. Pues bien, esta amnesia infantil tiene en nosotros la misión de mantener intactos nuestros sistemas de apego cuando hemos sido maltratados o traumatizados. El problema es que olvidar tiene un alto precio: el de revivir el trauma en nuestra adultez y el de provocar un fallo de los sistemas de intimidad y compromiso en las futuras relaciones. Este olvido hará emerger este iceberg de síntomas psicológicos y también físicos.

Tomar conciencia de nuestra infancia y de los comportamientos tóxicos de abandono, manipulación, castigo, indiferencia o victimización de nuestros padres es el primer y más importante paso para recuperar el equilibrio y llevarlo a nuestras relaciones actuales. En el siguiente capítulo entenderemos por qué.

Si tienes dudas, realiza ahora una nueva lectura de la segunda parte de este libro para poder desbloquearte todas las veces que lo necesites.

25
¿Por qué evito las relaciones de pareja?

Los padres castigadores generan en nosotros resignación, indefensión aprendida, depresión, bloqueo, paralización y trastornos psicosomáticos que tienen como base la sensación de culpa y no merecimiento. Si hemos recibido altas cantidades de castigo, no podremos volver a apegarnos de nuevo; en lugar de ello, crearemos mundos y fantasías en las que poder refugiarnos.

Cuando el castigo es extremo, podemos llegar a experimentar esa retirada al interior a través de lo que llamamos «trances disociativos», en los que se produce una desconexión con la realidad. Solo tengo que hacer algo de memoria para que me vengan a la cabeza muchos pacientes adultos que cuando eran niños han vivido refugiados en sus burbujas psicológicas que les han protegido del dolor que suponía la realidad. Como una tortuga que hunde la cabeza dentro de su caparazón cuando siente que está expuesta a algún peligro. En el refugio de esa pompa de cristal estando a salvo de los peligros de las relaciones uno puede hacer uso de su creatividad e inventiva para cultivar la intimidad consigo mismo de forma segura.

Se puede entrar en trance con algún ritual religioso o místico, pero también bailando, entrenando, cantando o haciendo el amor. De niños nos hacemos responsables de dicho abandono o goteo de castigo constante. De la misma manera tendemos a proyectar en los demás lo que no aceptamos de nuestros familiares y de nosotros mismos.

Todo por supuesto en aras de mantener intacta e idealizada una infancia con unas relaciones familiares supuestamente sanas y felices.

Solemos proyectar en nuestras parejas defectos inasumibles que albergaban nuestros familiares injustos, como la indisponibilidad, la manipulación, las dobles intenciones o el chantaje.

También es habitual encontrarnos con que, al haber sido hipercastigados, tenemos una mayor necesidad de exploración, de asunción de riesgos y en algunos casos de autolesión. Este tipo de conductas nos ayuda a liberar al torrente sanguíneo fármacos naturales como la serotonina y la dopamina, que son neurotrasmisores inductores del bienestar. Si este ha sido nuestro caso, en el futuro nos convertiremos en adolescentes impulsivos en busca de peligros que disparen en nosotros nuevos chutes de adrenalina. Seguro que conoces a alguna persona a la que le gusta escalar a grandes alturas, hacer paracaidismo, coger grandes olas o conducir a gran velocidad y te has preguntado por qué alguien querría exponerse de esa manera.

Y en los casos más extremos nos encontramos la ideación o planificación y ejecución de la propia muerte como máxima expresión de evitación. Los hombres suelen tener más acceso a armas y preferirlo y también son más amigos de precipitarse o ahorcarse. Las mujeres suelen consumir fármacos para acabar de una forma más estética.

Expongo estos delicados contenidos para que nos hagamos una idea de hasta qué punto pueden llegar a afectarnos nuestras relaciones familiares. No existe un solo buen psicólogo clínico que no sea un experto en sus propias dinámicas familiares y se encuentre en paz consigo mismo. Lo mismo es aplicable a cualquiera que desee poner orden en su psique.

Para entender mejor nuestra indisponibilidad relacional en la adultez si hemos sido avasallados en la infancia a manos de nuestros progenitores tóxicos, debemos saber que nuestra sensación de indefensión y bajo control personal extenderá sus alas más allá de nuestras relaciones personales y acabará afectando a nuestros proyectos personales y a nuestro estilo de vida.

Voy a ponerte un ejemplo de caso real que te ayudará a tener una mejor perspectiva de todo lo anterior. Me viene a la cabeza uno de esos niños sometidos a hipercastigos, al que sus padres apuntaron a un curso de natación. Este niño de ocho años es ya un niño recortado con miedos debido a sus relaciones familiares tóxicas. El profesor de natación, para ayudarlo a perder sus miedos, lo lanza a la parte profunda de la piscina, como ya había hecho en muchas otras ocasiones con excelentes resultados. Pero este niño no se mueve, no nada, no lucha por salir a flote y se va al fondo de la piscina sin resistirse a la constricción del agua y a la falta de oxígeno. Ya está acostumbrado a situaciones familiares y, como ya ha hecho en muchas otras ocasiones, se hace un ovillo y espera a que pase la tempestad.

Ya ha luchado en muchas otras ocasiones sin resultado, así que va a hacer lo que mejor sabe hacer. Entrar en trance, disociarse de lo que está pasando para no sufrir hasta que se ahogue o el profesor lo saque del fondo de la piscina. Cualquier niño, incluso recién nacido, es capaz de nadar o al menos de intentar flotar torpemente en ese medio, pero este no es un niño normal, es un niño recortado al que le han enseñado que no hay nada que pueda hacer para luchar contra las inconveniencias por muy injustas que sean.

Una relación de pareja con compromiso es un medio muy parecido a la constricción de unas aguas profundas, por eso tendrá problemas en todas sus relaciones, empresas y proyectos personales cuando aparezcan dificultades y obstáculos que lo pongan a prueba.

Ahora vamos a responder a algunas preguntas que mejoren tu comprensión de por qué actúas como lo haces en tus relaciones adultas.

Una infancia difícil puede conducirte a evitar relaciones, pero también puede convertirte en cuidador dando más de la cuenta. Lo estudiaremos a continuación.

26

¿Por qué invierto en exceso en mis relaciones?

Este patrón de relación basado en **dar en exceso** solo se da si de niño has sido obligado por tu situación familiar a convertirte en cuidador de tus padres y/o tus hermanos por adicciones, generalmente alcoholismo, o también enfermedades psiquiátricas como depresión o esquizofrenia de alguno de tus padres. A esta conducta de asunción de esas responsabilidades en la infancia la llamamos «reversión del rol parental» o «parentización», que es la base de lo que denominamos «codependencia», un término muy de moda en estos dos últimos años. Que no te asuste todo este léxico psicológico; estamos hablando de niños que se han visto obligados a adoptar una responsabilidad que no se correspondía con su corta edad.

Forzado a atender las necesidades de tus familiares, te has olvidado de ti mismo y has acabado generando un problema de autorregulación o toma de decisiones. Es decir, necesitas a los demás como guía porque no sabes cómo te sientes y no puedes tomar decisiones pensando en ti mismo. No has tenido infancia, y tampoco amor y cariño, por eso sustituyes ser amado por ser necesitado en tus relaciones de pareja, como lo hiciste con tus familiares. Te has acabado convirtiendo en un proveedor de cuidados. Si es así, muy probablemente has sido elegido y rara vez eliges tú a tus parejas.

Esta falta de atenciones y amor incondicional te ha llevado a experimentar una sensación de constante indefensión, inadecuación y vergüenza que te hace imposible poner límites de forma asumible. Has aprendido que vales en función de si eres necesario. Esto es debido a que solo has recibido cariño o amor condicionado. Adoptar todas estas responsabilidades de forma temprana te ha robado la infancia y te puede haber dejado exhausto psicológica y físicamente, desarrollando el famoso síndrome del quemado o *burn-out*. Si este es tu caso, puedes haber rebotado y terminar odiando las drogas. También puedes perpetuar el desgraciado ciclo del consumo de tóxicos de tus padres para evitar el desgaste y el dolor emocional. Las enfermedades psiquiátricas graves pueden ir asociadas al consumo frecuentemente.

También es habitual que te sientas atraído por profesiones donde puedas cuidar y ayudar a otras personas, como la fisioterapia, la medicina o la psicología, entre muchas otras. Aunque si llegas a conseguirlo, es posible que albergues un gran síndrome del impostor hasta que no resuelvas tus problemas de apego en la infancia. Como ves, hay mucho trabajo y muy divertido por delante para conseguir unas relaciones sanas en la actualidad.

27

¿Por qué elijo parejas superficiales?

Las madres frías e indisponibles crean niños narcisistas con autoestimas basadas en la aprobación de los demás, especialmente si ellas además son muy exigentes. Si este es tu caso, sentirás que no eres merecedor de amor incondicional. Creerás que debes conseguir logros y éxitos para así poder ser amado, eso sí, de forma condicionada. En tu adultez te encuentras en una búsqueda activa de esa madre indisponible, que serán parejas que te den reconocimiento y llenen tu vacío existencial. Este vacío solemos encontrarlo en pacientes con una autoestima no construida, soportada por esos contrafuertes basados en el estatus.

El estatus es el valor que un grupo otorga a algo. En la actualidad está relacionado con el dinero y las posesiones, con la fama y con la belleza multiplicadas exponencialmente por las redes sociales. Si tus padres son superficiales y solo te han prestado atención cuando conseguías excelentes resultados académicos, físicos o deportivos, si te han comparado con otras personas que poseían los atributos que exigían en ti, entonces es muy probable que aprendas que la única forma de conseguir las atenciones y la admiración de los demás es a través de éxitos y logros. Serás entonces una persona muy orientada a la consecución del éxito y verás a tus parejas como público, espectadores o admiradores de tu obra, en la que tú eres el protagonista de esa película de un solo actor. Sí, estamos hablando de que puedes haberte convertido en una persona narcisista con rasgos histriónicos, una persona que orienta su vida a la conquista de admiraciones y aplausos.

Obviamente, estoy haciendo una representación algo extrema para que te sea más fácil identificar en ti mismo o en tus semejantes este tipo de rasgos y conductas, pero en la mayor parte de las ocasiones encontrarás matices y grados, e incluso cierto solapamiento con otros rasgos o figuras clínicas.

Observa en ti si te alimentas de la adulación de los demás como una necesidad. Esto puede ser así porque no dispones de una autoestima suficientemente sólida. A ojos de los demás puedes parecer una persona autosuficiente e independiente y lucir una personalidad grandiosa y atrayente, pero en el fondo es posible que carezcas de ella. En realidad, el núcleo del narcisista es el vacío, la nada que debe rellenarse con los juicios de los demás. Y las ramas de este árbol son las necesidades de ser reconocido.

Si este es tu caso, serás altamente compatible con parejas seguidoras o dependientes, que son un público muy agradecido. También es normal que estas parejas dependientes se acaben agotando o consumiendo en tus relaciones y decidan acudir a consulta con una sensación de injusticia y no merecimiento del trato recibido muy pronunciada.

28
¿Por qué elijo parejas tóxicas?

Si has tenido progenitores que son malas personas, es muy probable que te hayas quedado enganchado al trauma y al constante abuso e indisponibilidad emocional. A estos progenitores altamente tóxicos los llamamos «psicópatas integrados». Puedes haber normalizado ese tipo de trato tóxico porque estás habituado a él y es lo que te hace sentir «en familia». La disponibilidad, el amor y la apertura emocional te acabarán repeliendo porque resultarán para ti inusuales, los representarás interiormente como algo incómodo.

En estos casos son usuales la amnesia y también la disociación o huida a fantasías y mundos internos seguros. Es normal que justifiquemos el maltrato, el abuso o la desatención: para nosotros, como niños, es más fácil condenarnos a nosotros mismos que a nuestros padres. Por este motivo es más fácil que nos consideremos malos o inadecuados y merecedores de este castigo, de las manipulaciones o desatenciones. Ya hemos dicho que sostener intacto el vínculo es necesario para un niño al precio que sea necesario.

La conclusión relacional a la que llegamos es que lo tóxico nos acaba pareciendo atractivo. Seguro que, si es tu caso, te has preguntado por qué tiendes a elegir a personas que te tratan mal. ¿Es que me va la marcha? Pues sí, no puedes evitar sentir atracción por el maltrato actual, de la misma forma que la sentiste por los maltratos paternos. Esto explica por qué algunas personas no salen corriendo cuando alguien las humilla, las castiga o las compara o juzga incluso ante la presencia de testigos.

Resulta curioso que, si consiguieras por fortuna una pareja sana y complaciente, perderías el interés en poco tiempo. Significa que actualmente necesitas una relación desigual en términos de competición-destrucción. Pero no te preocupes, porque el haber tomado conciencia de tus patrones de relación actuales y su conexión con tu estilo de apego original ya es un primer paso muy necesario. Aunque esto no será suficiente si quieres cambiar tus patrones de relación actuales. No temas, porque en psicología todo se puede arreglar, incluso tus patrones o inercias con los que te relacionas actualmente, aunque estén fuertemente arraigados.

Para ello también debes profundizar en el trauma recibido durante tu infancia y acabar aceptándolo hasta que no cause en ti ningún tipo de respuesta emocional. También será necesario configurar tu psicología, debido a que puede estar poco construida, y para ello es posible que necesites la ayuda de un psicólogo especializado en pareja. Mis psicólogos especializados en pareja y yo estaremos encantados de atenderte. Además, en www.abcpsicologos.com podrás seguir disfrutando de muchos de mis vídeos y artículos sobre las relaciones de pareja y las rupturas.

No te preocupes, porque el proceso es divertido y revelador y en el fondo enormemente constructivo para tu estilo de vida relacional. Para hacer más digerible este tipo de experiencias, la psicología clínica ofrece herramientas muy interesantes, como la EMDR y el *mindfulness,* entre muchas otras contenidas en la segunda parte de este libro: «Bloquea». Recuerda siempre que en psicología todo tiene una solución.

29

¿Qué otras secuelas pueden aparecer?

Es muy probable que desarrolles rasgos de trastornos de la personalidad, como personalidad dependiente o trastorno límite de la personalidad, además de una gran dificultad para atender a tus propias necesidades y ser asertivo. También es habitual desarrollar una gran ceguera o ingenuidad ante las malas intenciones de los demás, lo que te hace más vulnerable a parásitos relacionales. Herramientas como la lupa del desamor o el traductor, contenidos en este libro, te abrirán los ojos a la realidad.

En otros casos puedes incluso buscar de forma activa revivir nuevos traumas en tus relaciones de pareja para obtener un cambio o resultado diferente al maltrato parental. Aunque en estos casos, si has elegido un partenaire tóxico, acabarás obteniendo el mismo resultado traumático. El drama será entonces tu pareja, hasta que te hagas consciente de tus dinámicas familiares y empieces a darle un sentido a lo que te está pasando en la actualidad.

La única y verdadera explicación para todos los supuestos anteriores es que los progenitores indisponibles o tóxicos son los únicos responsables de que tú, como niño, no hayas podido apegarte de forma segura para un buen funcionamiento psicológico. Algo que, como hemos explicado, es absolutamente necesario para una buena higiene relacional y emocional.

Puedes olvidar todo este capítulo y solo tienes que retener la frase siguiente:

> No existía en ti nada malo, vergonzante, decepcionante o patológico, y tampoco existe ahora que eres un adulto. No eres responsable del trato que tenías con tus padres cuando eras niño, ni de las inercias tóxicas que han provocado en ti de adulto.

30

Amarte de forma incondicional

He preferido dejar estas líneas para el final del libro para que antes puedas bloquear tus limitaciones. El amor incondicional es algo que debe producirse en dos únicos escenarios: cuando se trata de tu propio hijo o cuando se trata de ti mismo. Resulta contradictorio que la mayor parte de las personas que conocemos amen incondicionalmente a otras personas adultas, pero no a sí mismas.

Independiente de tu género, te invito en este momento a mirar a tu interior y reconciliarte con la persona que eres, intenta sentir afecto por el ser humano excepcional en el que te has convertido a pesar de las embestidas que has recibido desde pequeño. Respira e intenta conectar contigo de forma íntima, puedes hablarte con cariño, sentir afecto, puedes enamorarte de cada una de tus peculiaridades e incluso de tus aristas o defectos para volver a reconciliarte contigo mismo. Intenta recuperar esa mirada limpia del niño que eras y que miraba las cosas sin hacer juicios de valor.

En esta experiencia debe haber intención. Intenta volver a amarte mientras repites mi mantra: «No existía en ti nada malo, vergonzante, decepcionante o patológico, y tampoco existe ahora que eres un adulto. No eres responsable del trato que tenías con tus padres cuando eras niño, ni de las inercias tóxicas que han provocado en ti de adulto».

No eres una decepción. Eres simplemente una persona, y eso es suficiente.

Intenta abrazarte sin sentir pena, culpa ni miedo. Ten la intención de admirarte y deja los brazos abiertos a la ternura, el cariño, el respeto y la aceptación. Quiero que me digas qué estás sintiendo en este momento. En ocasiones suelen decirme: «Me siento ridícula» o «Me siento desconectado», porque no estamos acostumbrados a tener intimidad con nosotros mismos y nos crea cierto bloqueo, pero estas sensaciones remitirán si sigues intentándolo.

Puedes susurrarte «Me quiero» y abrir tu conciencia a lo que llegará tras ello. Eso te dará más información sobre el momento personal en que se halla la relación contigo mismo. En este ejercicio pueden pasar dos cosas: que entres en sintonía afectiva con esta frase, que la sientas como algo confortable, o que por el contrario te genere rechazo o vergüenza. Si este último es tu caso, no te preocupes porque no tenemos prisa. Amarse de forma incondicional es un proceso que a mí me ha llevado más de cuarenta años, pero a ti te va a llevar muy poco mientras sigas trabajando en las dos primeras partes de este libro, para que cuando llegues a esta tercera estés preparado para amarte de forma incondicional.

Otra de las cosas que yo hago para reconectar conmigo mismo es repetir mi nombre mientras sonrío e intento sentir afecto. En ese momento siento un enorme afecto por el tipo de persona buena, generosa y sensible que soy. No me estoy empoderando, no estoy sintiendo que estoy por encima de nadie porque sea un hombre atractivo, culto, respetado, tenga éxito o más dinero que otras personas. No, solo amo mi humanidad. Tú no necesitas haber conseguido nada de lo anterior para poder amarte sin condiciones.

Y ahora quizá quieras coger el volante y comprometerte con el cambio. Este libro te enseña cómo amarte de forma incondicional para poder amar de forma sana a los demás y alejarte de todas aquellas personas que solo quieran vaciarte. Tienes ante ti la oportunidad de transformar tu psicología para que las relaciones no vuelvan a suponer un motivo para tu sufrimiento.

Además, espero haber despertado en ti la inquietud por saber más de tu pasado, que es la única forma de explicar tu presente relacional, y que a través de este viaje te hayas podido conocer y amar con mayor profundidad.

31

Amor propio

En el viaje de la vida, a menudo nos encontramos buscando el amor y la aprobación en los demás. Pero, en medio de todas nuestras relaciones y responsabilidades, a veces olvidamos la relación más importante de todas: la que tenemos con nosotros mismos. El amor propio, como lo han expresado destacados autores y pensadores a lo largo del tiempo, es la base de una vida plena y de unas relaciones saludables.

Oscar Wilde lo expresó de manera elocuente: «Amarse a uno mismo es el comienzo de un romance que durará toda la vida». Este romance eterno comienza con la aceptación y el cariño por uno mismo. El acto de valorarse y cuidarse no es egoísmo, sino una necesidad fundamental. Como Diane von Fürstenberg señala: «La única relación que tenemos para toda la vida es con nosotros mismos. Así que ámate a ti mismo con todo tu corazón».

El amor propio es una calle de dos sentidos. Tú la transitas a medida que actúas en uno o en otro. Puedes actuar sin amor propio, tratándote mal, sin tenerte en cuenta, recogiendo migajas de relaciones tóxicas, sin poner límites, pidiendo perdón aunque no tengas la culpa, dando demasiadas explicaciones o justificándote constantemente. Te aseguro que, si te sientes a gusto en esta acera, te estás equivocando.

El amor propio no consiste solo en palabras bonitas, sino en acciones diarias. Requiere esfuerzo constante y trabajo interior. Al nutrir nuestro amor propio, no solo construimos una relación sólida con nosotros mismos, sino que, como afirma Sonya Friedman: «La forma en que te tratas a ti mismo establece el estándar para los demás».

Amar a uno mismo no solo nos llena de confianza, sino que también nos hace más generosos y capaces de amar a los demás de manera auténtica. El amor propio nos da la fuerza para mantenernos inquebrantables, independientemente de la opinión de los demás, como destaca Dodinsky.

En resumen, como dice Lucille Ball: «El amor propio es el mejor regalo que puedes darte a ti mismo. Ámate y todo lo demás encajará». En medio de nuestras relaciones, responsabilidades y desafíos, recordemos siempre el romance eterno que nos merecemos: el amor propio. Cultivarlo es la clave para una vida llena de amor, felicidad y relaciones saludables.

32

La pareja ideal

La pareja ideal puede variar considerablemente de una persona a otra, ya que depende de las preferencias y valores individuales. Sin embargo, en términos generales, se caracteriza por tener ciertas cualidades y características deseables que contribuyen a una relación amorosa satisfactoria.

1. Compatibilidad. La pareja ideal es alguien con quien tienes una conexión profunda y una fuerte compatibilidad en los principios de responsabilidad, bondad y generosidad.

2. Comunicación. Una comunicación abierta y efectiva es esencial en una relación. La pareja ideal debe ser capaz de expresar sus pensamientos, sentimientos y necesidades de manera clara y escuchar activamente a su pareja. Y si no es una persona comunicativa, debe poder gestionarlo de forma autónoma.

3. Confianza mutua y respeto. Son fundamentales en una relación saludable. La pareja ideal es alguien en quien puedes confiar plenamente y que te respeta como individuo.

4. Libertad. La pareja ideal está dispuesta a apoyarte en tus metas y desafíos, y tú haces lo mismo por ella sin la obligación de corresponder. Se trata de un equipo que se ayuda mutuamente a crecer y prosperar sin la sombra de las exigencias.

5. Intimidad emocional. Es un componente esencial de una relación de cualquier tipo. Es cierto que cualquier relación nace de una conexión sexual apasionada, pero no es la gasolina que mantiene en marcha la relación cuando pasan uno o dos años. La intimidad es aquello que solo compartes con una persona, como tus secretos, preocupaciones, ideas o emociones.

6. Humor. El sentido del humor y la capacidad de reír juntos pueden fortalecer una relación. La pareja ideal es alguien con quien puedes divertirte y disfrutar de momentos ligeros. Ese mismo sentido del humor te permitirá absorber los obstáculos que se presenten en tu relación.

7. Empatía. La pareja ideal es empática y puede ponerse en tu lugar, comprendiendo tus emociones y deseos. Esta capacidad de comprensión y apoyo emocional es valiosa.

8. Independencia. Aunque la pareja ideal comparte una vida juntos, también valora la independencia individual y permite el espacio personal. Ambos pueden crecer como individuos mientras mantienen una relación sólida.

9. Resolución de conflictos. En cualquier relación surgirán desacuerdos y conflictos. La pareja ideal es capaz de abordar estos problemas de manera madura y buscar soluciones juntos.

Si en tu pareja se dan cita la mayor parte de estos requisitos, tendrás una enorme sensación de tranquilidad y relajación. Si echas la vista atrás, comprobarás que hay una correlación directa entre las características de la relación que tienes y tus sensaciones sobre tu pareja. Aprende a fiarte de ella porque te dará pistas sobre si tu situación de pareja es ideal o por el contrario se acerca a la toxicidad.

Una buena relación de pareja es un factor protector contra cualquier agresión vital, pero una mala puede convertirse en la mayor de las agresiones, ya que proviene de la intimidad y puede romper tu capacidad para confiar, para desear, para intimar, practicar sexo o incluso para disfrutar o ser feliz. Así que siempre es mejor estar en soledad que mal acompañado. Mejorar tu psicología con este libro te permitirá conectar contigo sin la necesidad de tener una relación de pareja.

Tu pareja ideal puedes y debes ser tú mismo; por eso cada una de las características que convierten tu relación con otra persona en algo ideal son aplicables a la relación contigo mismo.

Despedida

En este libro nos hemos sumergido en la idea de que las relaciones ya no son para siempre, por lo que el amor incondicional solo es para uno mismo y no para una relación. Hemos aprendido juntos a reconocer todas esas banderas rojas que nos van a avisar cuando tenemos que tomar distancia de otras personas, como el narcisismo, el victimismo, la triangulación, la infidelidad, los silencios o la propia dependencia, entre muchos otros comportamientos tóxicos.

Hemos interiorizado herramientas para bloquear una baja autoestima, una baja tolerancia al sufrimiento o la propia frustración que nos hace ser nuestros peores enemigos. Puedes leer este bloque todas las veces que sea necesario hasta que sea completamente tuyo.

En el último bloque hemos hecho un viaje a tu pasado, necesario para descubrir las inercias tóxicas que te han podido estar pasando factura en tus relaciones. Reconocer estos patrones es el primer paso hacia un cambio profundo en tu manera de relacionarte.

Con estas líneas he procurado que disfrutes del proceso terapéutico real, tal y como yo lo practico a diario en mis consultas. Mi Método ABC ha ayudado a miles de personas a construir psicologías sanas para volver a recuperar el control y construir relaciones más nutritivas. Mi manera de hacer terapia es el resultado de mis fracasos y malas decisiones en pareja, pero también de mis aciertos y éxitos que me han llevado a tener un conocimiento más profundo de las relaciones. La relación de pareja es, junto al trabajo, la variable que más se relaciona con tu calidad de vida, e incluso con tu esperanza de vida, por eso es tan importante su estudio.

Según el estudio de la Universidad de Harvard sobre la felicidad publicado en 2023 que ha durado ochenta años, las relaciones humanas profundas son el factor más importante para la satisfacción en la vida. El profesor de Psiquiatría Robert Waldinger, director del Estudio de Desarrollo de Adultos de Harvard (HSAD, por su sigla en inglés), enfatiza que las buenas relaciones humanas son cruciales para la felicidad y la salud. Waldinger introduce el concepto de «aptitud social» para describir la importancia de cuidar y mantener nuestras relaciones, comparándolo con la aptitud física. Argumenta que las relaciones descuidadas pueden deteriorarse, y que la vida social necesita ejercicio. Además, destaca que las personas que están más conectadas socialmente tienen una mayor longevidad y, como he señalado en este libro, están más protegidas contra el estrés, la depresión y los problemas cognitivos. Waldinger en una de sus charlas TED anuncia que la soledad mata.

Reflexionar sobre todos estos conceptos con seguridad te ha mejorado psicológicamente y te permitirá enfrentarte a tus nuevos desafíos de relación. Te doy las gracias por haberte quedado conmigo durante la lectura de mi libro y, si todavía no has resuelto tus problemas de relación después de haberlo leído, puedes ponerte en contacto conmigo para compartir tus impresiones, inquietudes o simplemente para que te apoye en tus dificultades enviando un email.

RAÚL LÓPEZ LASTRA
abcpsicologos10@gmail.com

Agradecimientos

Quiero expresar mi sincero agradecimiento a todas las personas que han hecho posible la realización de este libro.

A mis amigos, a mi pareja y a mi familia por darme amor y apoyo constante. Y que han sido una fuente invaluable de inspiración y aliento.

A mi editora Silvia López del equipo de editores de Roca Editorial por sus valiosos consejos y su inestimable guía.

A mis lectores y seguidores de YouTube por su apoyo, que ha significado mucho para mí durante estos años que ha hecho que pueda seguir creciendo y creando.

Gracias a todos por hacer posible este sueño. Espero que les aporte tanto leerlo como a mí me ha aportado y enriquecido escribirlo.

Rafael Narbona

Maestros *de la* felicidad

De Sócrates a Viktor Frankl, un viaje único
por la historia de la filosofía

Rocaeditorial •

NADA ES COMPARABLE
AL ASOMBRO DE VIVIR

Este es, ante todo, **un libro sobre la esperanza**. No pretende perturbar, inquietar o desasosegar, sino **confortar, serenar y curar**. Exaltar la vida. Mostrar que el ser humano puede elegir, que se puede salir de las regiones más sombrías y que el optimismo no es una ingenuidad, sino un gran ejercicio de lucidez.

Acompañado por **Sócrates, Marco Aurelio, san Agustín** o **Montaigne**, entre otros, Rafael Narbona recorre **la historia de la filosofía desde una nueva y extraordinaria perspectiva**. A la vez que conocemos a los verdaderos maestros de la felicidad, descubrimos emocionantes fragmentos de su propia vida que nos revelan un camino de superación personal al alcance de todos.

«Cuando te levantes por la mañana, piensa en el privilegio
de vivir, respirar, pensar, disfrutar, amar».
MARCO AURELIO

«La vida espera algo de nosotros».
VIKTOR FRANKL

¿SABES CUÁNTO PUEDE HACER POR TI LA QUÍMICA DE TU CEREBRO?

El cerebro es muy inteligente pero no tan listo como se cree: está en tu mano conseguir que tu propia mente no te domine y que seas tú quien la controle a ella. Descubre cómo funciona la química de la felicidad y aprenderás que, a menudo, eres más lo que sientes que lo que piensas.

Ana Asensio, psicóloga y doctora en Neurociencia, te ofrece las herramientas necesarias para desarrollar una vida plena y una actitud positiva. El secreto está en tus ondas cerebrales y en esas hormonas que transmiten la felicidad por tu cuerpo: oxitocina, serotonina, dopamina y endorfinas. Ellas te darán las claves para entender lo que sientes, gestionar mejor tus emociones y alcanzar tu bienestar.

la
alegría
de
decir
no

DEJA DE COMPLACER A LOS DEMÁS,
ESTABLECE LÍMITES Y DILE SÍ A LA VIDA QUE DESEAS

natalie lue

Rocaeditorial •

APRENDE A DECIR NO PARA CONSEGUIR DE UNA VEZ LA VIDA PLENA Y FELIZ QUE MERECES

¿Eres complaciente en exceso? Y lo que es más importante: ¿permites que la necesidad de complacer a los demás se imponga a tu propia felicidad? Cada vez que te reprimes para agradar a los demás o para evitar conflictos creas una dinámica con efectos catastróficos en tu bienestar. ¡Cámbiala!

Natalie Lue te trae un libro práctico para identificar todas las formas en que te sometes sin desearlo. A través de un plan de seis pasos, aprenderás a descubrir el poder curativo y transformador del no para establecer límites más sanos, fomentar relaciones más íntimas y reconectar con tus valores y tu auténtico yo.

Por el autor del best seller *Siete reglas de oro para vivir en pareja*

JOHN GOTTMAN

CON JULIE SCHWARTZ GOTTMAN,
DOUG ABRAMS Y RACHEL CARLTON ABRAMS

El
secreto
de las
ocho
citas

LA GUÍA PRÁCTICA PARA DESCUBRIR QUE
EL AMOR SÍ PUEDE DURAR TODA LA VIDA

Rocaeditorial ●

UN MÉTODO BASADO EN LA EVIDENCIA
CIENTÍFICA DEL MAYOR EXPERTO
EN RELACIONES A NIVEL MUNDIAL

Ocho citas con tu pareja: es todo lo que necesitas. Este método práctico te ofrece reflexiones, preguntas y diálogos que reforzarán vuestra conexión: una puesta a punto para abordar la relación de una forma más enriquecedora y mejorar la comunicación. La confianza, la diversión, el sexo y la intimidad… La ciencia ha encontrado el secreto del amor para toda la vida, y está a tu alcance.

«Para viajar lejos no hay mejor nave que un libro».
EMILY DICKINSON

Gracias por tu lectura de este libro.

En **penguinlibros.club** encontrarás las mejores
recomendaciones de lectura.

Únete a nuestra comunidad y viaja con nosotros.

penguinlibros.club

Penguin
Random House
Grupo Editorial

🅵 🅾 𝕏 ♪ ▶ penguinlibros